I0500000

Inhalt

Vorwort

Liebe Leserinnen und Leser,

herzlich willkommen zu "Master Your Money: Die Kunst, Geld zu beherrschen". Dieses Buch ist eine Einladung und ein Leitfaden zur Erreichung finanzieller Freiheit und Wohlstand. Es soll Ihnen helfen, die Kontrolle über Ihre finanzielle Zukunft zu erlangen und Ihre Träume zu verwirklichen.

In einer Welt, die von ständigem Wandel und wirtschaftlicher Unsicherheit geprägt ist, ist es wichtiger denn je, die Kunst des Geldes zu beherrschen. Finanzielle Meisterschaft bedeutet nicht nur, ein hohes Einkommen zu erzielen, sondern auch klug zu investieren, Schulden zu vermeiden und ein solides Fundament für Ihre finanzielle Zukunft aufzubauen.

Ich habe das Buch geschrieben, um Ihnen dabei zu helfen, Ihre finanziellen Ziele zu definieren und einen konkreten Plan zu entwickeln, um sie zu erreichen. Es gibt Ihnen die

Werkzeuge, um Ihr Geld effektiv zu verwalten, Investitionen intelligent einzusetzen und neue Einkommensquellen zu erschließen. Aber es geht über die bloße finanzielle Strategie hinaus. Es geht um die Entwicklung eines Denkens und einer Einstellung, die Sie in die Lage versetzen, finanzielle Herausforderungen zu meistern und langfristigen Wohlstand aufzubauen.

Finanzielle Meisterschaft erfordert Engagement, Lernen und die Bereitschaft, neue Wege zu gehen. Es geht darum, Verantwortung für Ihre Finanzen zu übernehmen und bewusste Entscheidungen zu treffen. Doch seien Sie versichert, dass es möglich ist.

Viele Menschen haben vor Ihnen diesen Weg beschritten und erfolgreiche Ergebnisse erzielt. Sie können es auch schaffen.

Ich wünsche Ihnen viel Erfolg auf Ihrem Weg zur Money Mastery. Möge dieses Buch Ihnen das nötige Wissen und die Inspiration geben, um Ihre finanziellen Träume wahr werden zu lassen.

Wie unser Umfeld unsere Wahrnehmung von Geld prägt

Unser Umfeld spielt eine entscheidende Rolle bei der Prägung unserer Wahrnehmung.

Von klein auf werden wir in Familien, Schulen und Gemeinschaften mit verschiedenen Einstellungen und Verhaltensweisen in Bezug auf Geld konfrontiert. Diese Erfahrungen beeinflussen unsere eigene Sichtweise und unsere Haltung gegenüber diesem.

Der erste Einflussfaktor ist meistens die Familie. Das Verhalten unserer Eltern oder Erziehungsberechtigten in Bezug auf Ausgaben, Sparen und Investieren kann einen starken Eindruck hinterlassen. Wenn wir in einem Haushalt aufwachsen, in dem Geldknappheit herrscht, kann das dazu führen, dass wir eine ängstliche oder restriktive Einstellung zum Geld entwickeln. Andererseits können wir, wenn wir in einem Umfeld aufwachsen, in dem Geld scheinbar leichtfertig ausgegeben wird, eine großzügigere Einstellung entwickeln.

Die Gesellschaft, in der wir leben, beeinflusst ebenfalls unsere Wahrnehmung von Geld. Kulturelle Normen, soziale Erwartungen und der allgemeine wirtschaftliche Status bestimmen unser Verhalten. In manchen Gesellschaften wird beispielsweise ein hoher Wert auf materiellen Reichtum und den Besitz teurer Dinge gelegt, während in anderen ein sparsames Verhalten und die Vermeidung von Verschuldung gefördert werden. Diese Werte und Normen prägen unsere Sichtweise und beeinflussen, wie wir es nutzen, ausgeben oder anhäufen.

Auch die Peergroup, also unsere Freunde, Kollegen und soziales Umfeld, prägen unsere Einstellung zu Geld. Wenn unsere Freunde einen extravaganten Lebensstil pflegen und viele Vermögenswerte für Luxusartikel ausgeben, kann dies den Druck erhöhen, mitzuhalten oder unser eigenes finanzielles Verhalten anzupassen. Auf der anderen Seite können Freunde, die sparsam leben oder kluge Investitionen tätigen, uns dazu ermutigen, ähnliche Entscheidungen zu treffen.

Die Medien besitzen einen starken Einfluss auf unsere Wahrnehmung von Geld. Werbung, Filme, Fernsehsendungen und soziale Medien präsentieren oft eine idealisierte Darstellung des Reichtums und des materiellen Wohlstands. Diese Darstellungen können dazu führen, dass wir ein unrealistisches Bild davon entwickeln, wie wir unsere monetären Ressourcen ausgeben sollten oder was ein erfolgreiches finanzielles Leben bedeutet.

Es ist wichtig zu erkennen, dass unsere Erkenntnis von Geld nicht ausschließlich durch unser Umfeld geprägt ist, sondern auch von persönlichen Erfahrungen, Werten und individuellen Überzeugungen beeinflusst wird.

Dennoch spielt das es eine bedeutende Rolle dabei, wie wir Vermögen wahrnehmen, welche Gewichtung wir ihm geben und wie wir es in unserem eigenen Leben einsetzen. Indem wir uns bewusst machen, wie unser Umfeld unsere Wahrnehmung von Geld beeinflusst, können wir fundierte finanzielle Entscheidungen treffen und unsere eigene Haltung aktiv gestalten.

Die Bedeutung von Geld und einer finanzieller Bildung

Als Erstes stellen, wir uns einmal die Frage, was ist Geld überhaupt?

Geld ist ein universell akzeptiertes Tauschmittel und eine Form von Vermögen, die als allgemein anerkannter Wertträger für den Austausch von Waren, Dienstleistungen und Vermögenswerten fungiert. Es kann in physischer Form wie Münzen und Banknoten existieren, aber auch in digitaler Form wie elektronisches Geld oder Kryptowährungen.

Die Funktion, die es einnimmt, ist unter anderem als Maßeinheit für den Wert von Gütern und Dienstleistungen.

Dadurch wird der Handel erleichtert, der Vergleich von Preisen ermöglicht und es fördert die Effizienz im Wirtschaftssystem. Es fungiert auch als Wertaufbewahrungsmittel, da es den Menschen ermöglicht, Vermögen zu speichern und für zukünftige Zwecke aufzubewahren. Natürlich wird es auch als Zahlungsmittel verwendet, um Schulden zu begleichen und finanzielle Transaktionen abzuwickeln.

Der wichtigste Aspekt, wenn wir über Geld sprechen ist, dass der Wert auf Vertrauen und Vereinbarungen beruht. Ohne dieses Vertrauen in eine stabile Währung und in das Funktionieren des Geldsystems geht es nicht.

Warum ist dieses Wissen so essenziell? Warum ist finanzielle Bildung so wichtig? Die Antwort liegt in den Auswirkungen, die unsere finanziellen Entscheidungen auf unser Leben haben können.

Wenn wir nicht über das nötige Wissen verfügen, um unser Kapital zu verwalten, laufen wir Gefahr, in Schulden zu geraten, Engpässe zu erleben oder unsere langfristigen Ziele und Träume nicht verwirklichen zu können. Finanzielle Bildung ermöglicht es uns, einen klaren Überblick über unsere Situation zu gewinnen und Strategien zu entwickeln, um unsere Ziele zu erreichen.

Sie geht über das bloße Wissen über Geld hinaus und beinhaltet das Verständnis von grundlegenden finanziellen Konzepten, wie Budgetierung, Schuldenmanagement, Investitionen und Vermögensaufbau. Dadurch sind wir in der Lage, fundierte Entscheidungen zu treffen, die uns auf unserem Weg zu finanzieller Stabilität und Wohlstand unterstützen.

In diesem Buch werde ich Ihnen Werkzeuge, Kenntnisse und Strategien zur Verfügung stellen, um Ihre finanzielle Bildung zu fördern und die Kontrolle über Ihr Geld zu erlangen.

Sie werden lernen, wie Sie ein solides Fundament für Ihre finanzielle Zukunft aufbauen, kluge Investitionsentscheidungen treffen und langfristige Ziele erreichen können. Denn ich bin fest davon überzeugt, dass finanzielle Bildung und Kontrolle über Geld entscheidend sind, um ein erfülltes und finanziell erfolgreiches Leben zu führen.

John F. Kennedy sagte zum Thema Bildung frei übersetzt:

„Es gibt nur eins, was auf Dauer teurer ist als Bildung, keine Bildung."

Die Grundlagen des Geldmanagements

Budgetierung und finanzielle Planung sind unser Schlüssel zur Stabilität

Die **Budgetierung** ist der Prozess, bei dem Sie Ihre Einnahmen und Ausgaben analysieren, um einen klaren Überblick über Ihre monetäre Situation zu erhalten. Indem Sie ein Budget erstellen, können Sie Ihre Ausgaben kontrollieren, Engpässe vermeiden und sicherstellen, dass Ihr Geld für die Dinge verwendet wird, die Ihnen wichtig sind.

Bei der **Planung** geht es darum, Ihre kurz- und langfristigen Ziele zu definieren und einen strategischen Plan zu entwickeln, um diese zu erreichen. Es beinhaltet die Identifizierung Ihrer Prioritäten, wie beispielsweise den Schuldenabbau, den Aufbau eines Notfallfonds oder die Finanzierung Ihrer Träume wie ein Eigenheim oder eine Weltreise. Durch eine detaillierte finanzielle Planung können Sie Ihren Fortschritt verfolgen, Hindernisse erkennen und Ihre Finanzen effektiv steuern.

Warum sind diese beiden Faktoren so wichtig? Der entscheidende Grund liegt in der Schaffung einer starken Stabilität.

Indem Sie Ihre Einnahmen und Ausgaben im Griff haben und Ihre monetären Ziele klar definieren, können Sie Schulden abbauen, wirtschaftliche Engpässe vermeiden und ein finanzielles Polster für unvorhergesehene Ereignisse schaffen.

Die Erstellung eines Budgets und die finanzielle Planung erfordern Zeit, Disziplin und die Bereitschaft, Ihre monetäre Situation ehrlich zu betrachten.

Ich möchte Ihnen die Bedeutung des Schuldenabbaus und der Schuldenvermeidung in diesem Zusammenhang näher bringen. Sie können eine erhebliche Belastung für Ihre wirtschaftliche Gesundheit darstellen und Ihre langfristige finanzielle Freiheit gefährden. Das bedeutet Sie müssen versuchen Verbindlichkeiten abzubauen und ihre Entstehung so gut wie es geht zu vermeiden.

Es geht darum, Ihre bestehenden Schulden zu reduzieren, sei es in Form von Kreditkartenverbindlichkeiten, Studienkrediten oder anderen Darlehen. Durch die Begleichung Ihrer Schulden können Sie Ihre monatlichen Zahlungsverpflichtungen verringern, Zinszahlungen reduzieren und langfristig Geld sparen.

Dabei gibt es verschiedene Strategien, um Schulden abzubauen. Eine Möglichkeit besteht darin, eine Schuldenrückzahlungsmethode wie den **Schneeball**- oder den **Lawinenansatz** zu nutzen. Beim Schneeball-Ansatz zahlen Sie zuerst den kleinsten Schuldenbetrag ab und arbeiten sich dann nach und nach zu den größeren Schulden vor. Beim Lawinenansatz hingegen konzentrieren Sie sich auf die Schulden mit den höchsten Zinssätzen, um langfristig weniger Zinsen zu zahlen. Beide Methoden haben ihre Vor- und Nachteile, und es ist wichtig, diejenige zu wählen, die am besten zu Ihrer individuellen Situation passt.

Gleichzeitig ist es entscheidend, dass sie keine neuen Schulden verursachen. Dies erfordert eine bewusste und verantwortungsvolle Herangehensweise an Ihre finanziellen Entscheidungen. Überlegen Sie sorgfältig, bevor Sie neue Schulden aufnehmen, und stellen Sie sicher, dass Sie die Rückzahlung leisten können. Entwickeln Sie eine Kultur des sparsamen Konsums, indem Sie Ihre Ausgaben priorisieren und unnötige Verschuldung vermeiden.

Bauen Sie sich einen Notfallfonds auf, um nicht in finanzielle Schwierigkeiten zu geraten.

Ein Notfallfonds ist eine Reserve, die speziell für unvorhergesehene Ausgaben oder Notlagen vorgesehen ist. Ich kann Ihnen empfehlen, solchen Fonds aufzubauen, um unerwartete Ereignisse wie Arbeitslosigkeit, medizinische Notfälle oder größere Reparaturen abzudecken.

Der Notfallfonds sollte ausreichend Kapital enthalten, um etwa drei bis sechs Monate der laufenden Ausgaben zu decken.

Der Aufbau eines Notfallfonds beginnt mit der Festlegung eines klaren Ziels. Die laufenden monatlichen Ausgaben müssen sorgfältig analysiert werden, einschließlich Miete/Hypothek, Versicherungen, Lebensmittel, Transportkosten und sonstige Rechnungen. Basierend auf diesen Ausgaben sollte eine angemessene Summe als Zielbetrag für ihn festgelegt werden.

Am besten erfolgt der Aufbau in kleinen regelmäßigen Schritten, das bedeutet, dass ein bestimmter Prozentsatz des Einkommens automatisch auf ein separates Sparkonto überwiesen wird.

Wichtig ist es, den Notfallfonds auf einem se
paraten Konto zu halten, der leicht zugänglich
ist, aber nicht mit dem alltäglichen Girokonto
vermischt wird. Ein Sparkonto oder ein Geld-
marktkonto sind oft gute Optionen, da sie ein
gewisses Maß an Zinsen bieten und gleichzeitig schnellen Zugriff ermöglichen.

Investitionen verstehen und nutzen

Es folgt nun eine kleine Einführung in verschiedene Anlageklassen. Es ist sehr wichtig diese zu verstehen, um eine diversifizierte und ausgewogene Anlagestrategie zu entwickeln. Hier sind einige der gängigsten Anlageklassen und eine Einführung in ihre Merkmale:

Aktien:

Aktien repräsentieren den Anteil an einem Unternehmen. Wenn man Aktien eines Unternehmens erwirbt, wird man zum Teilhaber dieses Unternehmens und hat das Recht auf potenzielle Gewinne in Form von Dividenden und Kurssteigerungen. Sie gelten als risikoreichere Anlageklasse, bieten jedoch langfristig auch die Chance auf hohe Renditen. Die Wertentwicklung hängt von verschiedenen Faktoren ab, darunter das Unternehmenswachstum, die wirtschaftliche Lage und die Marktnachfrage.

Anleihen:

Anleihen sind Schuldverschreibungen, bei denen der Käufer dem Emittenten (Regierung oder Unternehmen) Geld leiht. Im Gegenzug erhält der Käufer regelmäßige Zinszahlungen (Kupons) und das Versprechen, das geliehene Kapital bei Fälligkeit zurückzuerhalten. Anleihen gelten im Vergleich zu Aktien als sicherere Anlageklasse, da sie eine feste Verzinsung bieten und in der Regel ein niedrigeres Risiko aufweisen. Die Rendite hängt von Faktoren wie Bonität des Emittenten, Zinsänderungen und Laufzeit ab.

Immobilien:

Immobilien umfassen den Erwerb von Grundstücken, Gebäuden oder Wohnungen zur Nutzung oder Vermietung. Immobilieninvestitionen bieten verschiedene Vorteile, darunter potenzielle Wertsteigerungen, Mieteinnahmen und eine Absicherung gegen Inflation. Der Immobilienmarkt kann jedoch regionalen und konjunkturellen Schwankungen unterliegen. Es ist wichtig, den Standort, die Nachfrage, potenzielle Mieterträge und die Kosten für den Erwerb und die Instandhaltung zu berücksichtigen.

16

Rohstoffe:

Rohstoffe umfassen physische Güter wie Gold, Silber, Öl, Getreide und andere Rohstoffe. Sie dienen als Absicherung gegen Inflation und können als Teil einer diversifizierten Anlagestrategie dienen. Die Preise von Rohstoffen werden durch Angebot und Nachfrage, geopolitische Ereignisse und die wirtschaftliche Entwicklung beeinflusst. Es gibt verschiedene Möglichkeiten, in Rohstoffe zu investieren, einschließlich Futures-Kontrakten, Exchange Traded Funds (ETFs) und Rohstofffonds.

Investmentfonds:

Investmentfonds sammeln Geld von Anlegern und investieren es in eine Vielzahl von Anlageklassen, einschließlich Aktien, Anleihen, Immobilien und Rohstoffen. Diese bieten eine breite Diversifikation und werden von professionellen Fondsmanagern verwaltet. Anleger können Anteile an Investmentfonds kaufen und erhalten entsprechend ihrer Investition Anteile an den Gewinnen und Verlusten des Fonds.

Es ist wichtig, dass Anleger ihre Ziele, Risikotoleranz und individuelle Situation berücksichtigen, um eine geeignete Anlagestrategie zu entwickeln. Eine diversifizierte Portfolioallokation, die auf verschiedenen Anlageklassen basiert, kann dabei helfen, Risiken zu mindern und langfristige Renditen zu optimieren. Ein Finanzexperte kann bei der Auswahl und dem Management der Anlageklassen unterstützen und individuelle Empfehlungen geben.

Kommen wir jetzt auf den Zinseszins ein mächtiges Konzept in der Welt der Finanzen und eine bedeutende Rolle bei langfristigen Investitionen. Er bezieht sich auf die Fähigkeit, Zinsen auf bereits erzielte Zinserträge zu verdienen und somit ein exponentielles Wachstum des investierten Kapitals über die Zeit zu ermöglichen. Hier ist eine detaillierte Beschreibung der Macht des Zinseszinses und wie sie bei langfristigen Investitionen wirkt.

Grundprinzip des Zinseszinses:

Das Grundprinzip des Zinseszinses besagt, dass das angelegte Kapital nicht nur durch den anfänglichen Zinssatz wächst, sondern auch durch die Wiederanlage der erzielten Zinserträge. Dadurch erhöht sich das investierte Kapital im Laufe der Zeit und die Zinsen werden auf einer größeren Kapitalgrundlage berechnet.

Langfristige Investitionen:

Die Macht des Zinseszinses entfaltet sich besonders gut bei langfristigen Investitionen. Je länger das investierte Kapital angelegt bleibt, desto stärker wirkt der Zinseszins. Durch den langfristigen Anlagehorizont haben die Zins- und Zinseszinszahlungen ausreichend Zeit, um exponentiell zu wachsen und das Kapital erheblich zu vermehren.

Beispiel zur Veranschaulichung:

Ein Beispiel verdeutlicht die Wirkung des Zinseszinses bei langfristigen Investitionen: Angenommen, eine Person investiert 10.000 Euro mit einem jährlichen Zinssatz von 8 % für einen Zeitraum von 30 Jahren. Nach dem

ersten Jahr würde die Person 800 Euro an
Zinsen erhalten, sodass das investierte Kapital auf 10.800 Euro ansteigt. Im zweiten Jahr würde der Zinseszins jedoch auf den gesamten Betrag von 10.800 Euro berechnet, was zu einem Zinsertrag von 864 Euro führt. Nach 30 Jahren hätte die Person aufgrund des Zinseszinses insgesamt rund 100.626 Euro, was einem erheblichen Wachstum gegenüber der anfänglichen Investition entspricht. Folgende Tabelle zeigt Ihnen dieses Beispiel.

Jahr	Zins-satz	Kapital am Anfang des Jahres	Zinsen	Kapital am Ende des Jahres
1	8 %	10.000,00 €	800,00 €	10.800,00 €
2	8 %	10.800,00 €	864,00 €	11.664,00 €
3	8 %	11.664,00 €	933,12 €	12.597,12 €
4	8 %	12.597,12 €	1.007,77 €	13.604,89 €
5	8 %	13.604,89 €	1.088,39 €	14.693,28 €
6	8 %	14.693,28 €	1.175,46 €	15.868,74 €
7	8 %	15.868,74 €	1.269,50 €	17.138,24 €
8	8 %	17.138,24 €	1.371,06 €	18.509,30 €
9	8 %	18.509,30 €	1.480,74 €	19.990,05 €
10	8 %	19.990,05 €	1.599,20 €	21.589,25 €
11	8 %	21.589,25 €	1.727,14 €	23.316,39 €
12	8 %	23.316,39 €	1.865,31 €	25.181,70 €
13	8 %	25.181,70 €	2.014,54 €	27.196,24 €
14	8 %	27.196,24 €	2.175,70 €	29.371,94 €

15	8 %	29.371,94 €	2.349,75 €	31.721,69 €
16	8 %	31.721,69 €	2.537,74 €	34.259,43 €
17	8 %	34.259,43 €	2.740,75 €	37.000,18 €
18	8 %	37.000,18 €	2.960,01 €	39.960,19 €
19	8 %	39.960,19 €	3.196,82 €	43.157,01 €
20	8 %	43.157,01 €	3.452,56 €	46.609,57 €
21	8 %	46.609,57 €	3.728,77 €	50.338,34 €
22	8 %	50.338,34 €	4.027,07 €	54.365,40 €
23	8 %	54.365,40 €	4.349,23 €	58.714,64 €
24	8 %	58.714,64 €	4.697,17 €	63.411,81 €
25	8 %	63.411,81 €	5.072,94 €	68.484,75 €
26	8 %	68.484,75 €	5.478,78 €	73.963,53 €
27	8 %	73.963,53 €	5.917,08 €	79.880,61 €
28	8 %	79.880,61 €	6.390,45 €	86.271,06 €
29	8 %	86.271,06 €	6.901,69 €	93.172,75 €
30	8 %	93.172,75 €	7.453,82 €	**100.626,57 €**

Auswirkungen auf langfristige finanzielle Ziele:

Die Macht des Zinseszinses hat einen großen Einfluss auf die Erreichung langfristiger finanzieller Ziele. Durch regelmäßige Investitionen über einen längeren Zeitraum kann das Kapital exponentiell wachsen. Dies ist besonders relevant für die Altersvorsorge, den Aufbau eines Vermögens oder die Finanzierung von Bildungskosten. Der frühzeitige Beginn von langfristigen Investitionen bietet dabei einen entscheidenden Vorteil, da das Kapital mehr Zeit hat, sich durch den Zinseszins-Effekt zu vermehren.

Es ist jedoch wichtig anzumerken, dass der Zinseszins nicht ohne Risiken ist. Anlageklassen unterliegen Schwankungen und es gibt keine Garantie für kontinuierliche positive Renditen.

In der Finanzwelt sind **Risikomanagement** und **Diversifizierung** zwei wichtige Konzepte, die dazu dienen, die potenziellen Verluste von Investitionen zu begrenzen und das Risiko zu streuen.

Risikomanagement bezieht sich auf den Prozess der Identifizierung, Analyse und Kontrolle von Risiken, die mit Finanzinvestitionen verbunden sind. Das Ziel besteht darin, Verluste zu minimieren und mögliche negative Auswirkungen auf das Gesamtportfolio zu begrenzen. Es gibt verschiedene Ansätze zum Risikomanagement, darunter:

Risikoanalyse:

Hierbei werden potenzielle Risiken identifiziert und bewertet. Dies kann beispielsweise das Studium von Unternehmensberichten, Marktanalysen und historischen Daten beinhalten, um mögliche Risikofaktoren zu erkennen.

Risikobegrenzung:

Nachdem die Risiken identifiziert wurden, werden Maßnahmen ergriffen, um das Risiko auf ein akzeptables Maß zu begrenzen. Dies kann beinhalten, Positionen zu reduzieren, Stop-Loss-Orders einzurichten oder Absicherungsinstrumente wie Optionen oder Futures zu verwenden.

Diversifikation:

Ein wichtiger Teil des Risikomanagements besteht darin, das Risiko auf verschiedene Anlagen oder Anlageklassen zu verteilen, um das Portfolio breit aufzustellen. Durch eine ausgewogene Mischung von Anlagen in verschiedenen Sektoren, Regionen oder Anlageklassen können Verluste in einem Bereich durch Gewinne in einem anderen Bereich ausgeglichen werden.

Diversifizierung ist ein Ansatz, bei dem ein Investor sein Portfolio auf verschiedene Anlagen streut, um das Risiko zu minimieren. Anstatt das gesamte Kapital in eine einzelne Anlage zu investieren, werden verschiedene Anlageklassen wie Aktien, Anleihen, Immobilien, Rohstoffe oder alternative Investments in das Portfolio aufgenommen. Durch die Streuung des Kapitals auf verschiedene Anlagen verringert die Diversifizierung das spezifische Risiko eines einzelnen Investments.

Die Diversifizierung kann auf verschiedene Ebenen angewendet werden, wie beispielsweise.

Asset-Allokation:

Hierbei wird das Kapital auf verschiedene Anlageklassen verteilt, um die Portfoliorendite zu optimieren und das Risiko zu reduzieren. Eine ausgewogene Aufteilung kann beispielsweise eine Kombination aus Aktien, Anleihen und Bargeld umfassen, wobei das Gewicht der einzelnen Anlageklassen entsprechend den Anlagezielen und der Risikotoleranz des Investors angepasst wird.

Branchendiversifikation:

Das Portfolio wird auf verschiedene Branchen oder Sektoren verteilt, um das Risiko zu reduzieren, das mit einer Konzentration in einer einzigen Branche verbunden ist. Wenn beispielsweise das gesamte Kapital in den Technologiesektor investiert wird und dieser Sektor negative Entwicklungen erfährt, kann dies zu erheblichen Verlusten führen. Durch die Streuung des Kapitals auf verschiedene Branchen wird dieses Risiko gemindert.

Nebeneinkünfte generieren: Von der Idee zum profitablen Nebenprojekt

In der heutigen Zeit suchen viele Menschen nach Möglichkeiten, ihre finanzielle Situation zu verbessern und zusätzliche Einkommensquellen zu erschließen. Nebeneinkünfte können dabei helfen, finanzielle Ziele schneller zu erreichen und Flexibilität zu gewinnen. In diesem Kapitel werden wir uns damit befassen, wie man von der Idee zum profitablen Nebenprojekt gelangt und dabei die wichtigsten Schritte und Überlegungen für den Erfolg berücksichtigt.

Identifikation von Fähigkeiten und Interessen:

Der erste Schritt bei der Generierung von Nebeneinkünften besteht darin, die eigenen Fähigkeiten, Talente und Interessen zu identifizieren. Überlegen Sie, welche Fähigkeiten Sie besitzen oder entwickeln können, die für andere Menschen wertvoll sein könnten. Dies könnte alles von handwerklichen Fähigkeiten über Schreib- oder Designkompetenzen bis hin zu spezialisierten Kenntnissen in einem bestimmten Bereich umfassen.

Marktforschung und Bedarfsanalyse:

Nach der Identifikation Ihrer Fähigkeiten ist es wichtig, den Markt und potenzielle Kunden zu analysieren. Untersuchen Sie die Nachfrage nach den von Ihnen angebotenen Produkten oder Dienstleistungen und identifizieren Sie potenzielle Zielgruppen. Eine gründliche Marktforschung hilft Ihnen dabei, die Rentabilität Ihrer Idee zu bewerten und potenzielle Wettbewerber zu identifizieren.

Entwicklung eines Geschäftsmodells:

Basierend auf Ihrer Idee und der Marktforschung können Sie ein Geschäftsmodell entwickeln. Definieren Sie Ihr Produkt oder Ihre Dienstleistung, die Preisgestaltung, die Vertriebskanäle und die Marketingstrategien. Ein gut durchdachtes Geschäftsmodell bildet die Grundlage für ein erfolgreiches Nebenprojekt.

Finanzielle Planung:

Eine solide finanzielle Planung ist entscheidend für den Erfolg Ihres Nebenprojekts. Erstellen Sie ein Budget, um die Startkosten, laufenden Ausgaben und erwarteten Einnahmen zu berücksichtigen. Identifizieren Sie auch mögliche Finanzierungsquellen, falls Sie zusätzliches Kapital benötigen.

Umsetzung und Vermarktung:

Setzen Sie Ihre Idee in die Tat um, indem Sie Ihre Produkte oder Dienstleistungen entwickeln und anbieten. Erstellen Sie eine ansprechende Marke und nutzen Sie verschiedene Marketingkanäle, um potenzielle Kunden zu erreichen. Seien Sie dabei kreativ und nutzen Sie Online-Plattformen, soziale Medien oder lokale Netzwerke, um Ihr Nebenprojekt bekannt zu machen.

Kundenbeziehungen und Kundenservice:

Pflegen Sie gute Kundenbeziehungen, indem Sie auf die Bedürfnisse und Anliegen Ihrer Kunden eingehen. Bieten Sie exzellenten Kundenservice, um Kundentreue aufzubauen und positive Mundpropaganda zu fördern.

Zufriedene Kunden sind die beste Werbung für Ihr Nebenprojekt.

Skalierung und Wachstum:

Wenn Ihr Nebenprojekt erfolgreich läuft, können Sie überlegen, wie Sie es skalieren und weiterentwickeln können. Identifizieren Sie Möglichkeiten zur Automatisierung oder Delegation bestimmter Aufgaben, um Ihre Effizienz zu steigern und mehr Zeit für die strategische Entwicklung des Geschäfts zu haben. Erforschen Sie auch potenzielle Wachstumschancen, wie die Einführung neuer Produkte oder die Expansion in neue Märkte.

Überwachung und Anpassung:

Ein kontinuierliches Monitoring Ihrer finanziellen Kennzahlen und Leistung ist entscheidend, um den Erfolg Ihres Nebenprojekts zu gewährleisten. Analysieren Sie regelmäßig Ihre Einnahmen, Ausgaben und Gewinne, um Schwachstellen zu identifizieren und Verbesserungen vorzunehmen. Seien Sie bereit, Ihr Geschäftsmodell anzupassen und neue Strategien zu implementieren, um mit den sich ändernden Marktbedingungen Schritt zu halten.

Steuerliche und rechtliche Aspekte:

Informieren Sie sich über die steuerlichen und rechtlichen Anforderungen für Ihr Nebenprojekt. Stellen Sie sicher, dass Sie alle erforderlichen Genehmigungen und Lizenzen besitzen und Ihre steuerlichen Verpflichtungen erfüllen. Es ist ratsam, professionelle Beratung hinzuzuziehen, um sicherzustellen, dass Sie alle gesetzlichen Bestimmungen einhalten.

Langfristige Perspektive und Nachhaltigkeit:

Betrachten Sie Ihr Nebenprojekt langfristig und streben Sie nach Nachhaltigkeit. Setzen Sie sich klare Ziele und entwickeln Sie Strategien, um diese Ziele zu erreichen. Bauen Sie Beziehungen zu Ihren Kunden auf und streben Sie danach, einen Mehrwert zu bieten. Eine nachhaltige und langfristige Perspektive wird dazu beitragen, Ihr Nebenprojekt zu stabilisieren und langfristigen Erfolg zu gewährleisten.

Fazit:

Die Generierung von Nebeneinkünften bietet eine hervorragende Möglichkeit, Ihre finanzielle Situation zu verbessern und Ihre finanzielle Unabhängigkeit zu stärken. Von der Idee zum profitablen Nebenprojekt zu gelangen erfordert jedoch Planung, Engagement und kontinuierliche Anpassung. Mit einer klaren Vision, effektiven Geschäftsstrategien und einem Fokus auf Qualität und Kundenservice können Sie Ihr Nebenprojekt erfolgreich aufbauen und von den zusätzlichen Einkommensmöglichkeiten profitieren. Seien Sie bereit, in Ihre Idee zu investieren, um langfristige finanzielle Erfolge zu erzielen.

Strategien zur Einkommens- steigerung

Karriereentwicklung und beruflicher Aufstieg spielen eine entscheidende Rolle bei der Steigerung des Einkommens. Hier sind einige wichtige Punkte, die zeigen, wie dies möglich ist.

Berufliche Weiterentwicklung:

Durch kontinuierliche berufliche Weiterentwicklung können Sie Ihre Fähigkeiten, Kenntnisse und Erfahrungen erweitern. Dies kann durch formale Weiterbildungen, Schulungen, Zertifizierungen oder den Erwerb zusätzlicher Qualifikationen erfolgen. Eine verbesserte fachliche Kompetenz und Expertise können Ihnen ermöglichen, anspruchsvollere Aufgaben und Projekte zu übernehmen, was sich positiv auf Ihre Karriereentwicklung und Ihr Einkommen auswirken kann.

Höhere Verantwortung:

Wenn Sie sich beruflich weiterentwickeln und in Ihrem Unternehmen oder Ihrer Branche Ihr Können steigern, haben Sie möglicherweise die Möglichkeit, in Positionen mit höherer Verantwortung aufzusteigen. Mit einer Führungsrolle oder einem höheren Management-Posten gehen oft auch höhere Gehälter einher. Sie können Projektleiter, Abteilungsleiter, Manager oder sogar in leitenden Positionen wie CEO oder Geschäftsführer aufsteigen, was zu erheblichen Einkommenssteigerungen führen kann.

Networking und Beziehungsmanagement:

Der Aufbau eines starken beruflichen Netzwerks kann Ihnen dabei helfen, von Karrierechancen zu erfahren und Zugang zu lukrativen Positionen zu erhalten. Beziehungen zu Menschen in Ihrer Branche oder Ihrem Fachgebiet können zu neuen beruflichen Möglichkeiten führen, sei es durch Empfehlungen, Mentorship oder gemeinsame Projekte. Durch den Aufbau und die Pflege von Netzwerken können Sie Ihre Sichtbarkeit erhöhen und neue Türen öffnen, die zu einer Steigerung Ihres Einkommens führen können.

Verhandlungsfähigkeiten:

Mit einer fortschreitenden Karriere und stei-
gender Erfahrung gewinnen Sie oft auch an
Verhandlungsmacht bei Gehaltsverhandlungen. Wenn Sie Ihre Fähigkeiten und Ihren
Beitrag für das Unternehmen nachweisen
können, stehen Ihnen Möglichkeiten offen,
ein höheres Gehalt zu verhandeln. Es ist
wichtig, gut vorbereitet zu sein, den Wert Ihrer
Arbeit zu kennen und überzeugend argumen-
tieren zu können, um eine angemessene Vergütung zu erreichen.

Branchenspezifische Trends:

Das Einkommen in bestimmten Branchen o-
der Berufsfeldern kann von branchenspezifi-
schen Trends und Bedingungen beeinflusst
werden. Es ist wichtig, sich über aktuelle Entwicklungen in Ihrer Branche auf dem Laufenden zu halten und nach Möglichkeiten zu suchen, wie Sie von solchen Trends profitieren
können. Dies kann den Erwerb spezifischer
Fähigkeiten oder den Eintritt in aufstrebende
Bereiche umfassen, in denen die Nachfrage
nach Fachkräften hoch ist und höhere Gehälter gezahlt werden.

Jobwechsel und externe Möglichkeiten:

Meistens hat ein Jobwechsel oder die Suche nach externen Karrieremöglichkeiten einen bedeutenden Einfluss auf die Einkommenssteigerung. In einigen Fällen bieten andere Unternehmen attraktivere Vergütungspakete oder bessere Aufstiegschancen. Durch das Erkunden des Arbeitsmarktes können Sie bessere Gehaltsangebote verhandeln und Ihren beruflichen Aufstieg beschleunigen.

Branchenspezifische Zertifizierungen und Spezialisierungen:

Der Erwerb branchenspezifischer Zertifizierungen oder Spezialisierungen kann Ihnen dabei helfen, Ihren Marktwert zu steigern und ein höheres Einkommen zu erzielen. Durch den Erwerb spezifischer Qualifikationen in Ihrem Fachgebiet können Sie sich von anderen Fachkräften abheben und als Experte auf Ihrem Gebiet wahrgenommen werden. Dies kann zu besser bezahlten Positionen führen, da Unternehmen bereit sind, für spezialisiertes Fachwissen mehr zu zahlen.

Leistungsbeurteilung und Anerkennung:

Eine herausragende Leistung in Ihrem Beruf kann zu finanzieller Anerkennung führen. Regelmäßige Leistungsbeurteilungen bieten die Möglichkeit, Ihre Erfolge und Beiträge zu präsentieren und eine Erhöhung oder Bonuszahlungen zu verhandeln. Indem Sie kontinuierlich qualitativ hochwertige Arbeit leisten und Ihre Ziele übertreffen, steigt die Wahrscheinlichkeit, dass Ihr Arbeitgeber Ihre Leistungen honorieren und Ihr Einkommen entsprechend anpassen wird.

Es ist wichtig zu beachten, dass die Steigerung des Einkommens nicht nur von beruflicher Entwicklung und Aufstieg abhängt, sondern auch von Faktoren wie dem Zustand der Wirtschaft, der Branche und dem regionalen Arbeitsmarkt. Dennoch sind Karriereentwicklung und beruflicher Aufstieg starke Determinanten für die Einkommenssteigerung und bieten Ihnen die Möglichkeit, Ihre beruflichen Ziele zu erreichen und finanzielle Stabilität zu erlangen.

Unternehmertum und passive Einkommensquellen sind weitere Wege, um das Einkommen zu steigern und finanzielle Unabhängigkeit zu erreichen. Hier sind einige Aspekte, die damit zusammenhängen.

Unternehmertum:

Durch die Gründung eines eigenen Unternehmens haben Sie die Möglichkeit, Ihr Einkommen deutlich zu steigern. Als Unternehmer können Sie Ihr eigenes Geschäftsmodell entwickeln und von den Gewinnen des Unternehmens profitieren. Durch eine erfolgreiche Unternehmensführung und Wachstumsstrategien können Sie Ihr Vermögen erheblich steigern, da Sie sowohl als Eigentümer als auch als Manager des Unternehmens von dessen Erfolg profitieren.

Passive Einkommensquellen sind Geldströme, die mit minimalem Aufwand oder ohne direkte aktive Beteiligung generiert werden. Hier sind einige Beispiele für passive Einkommensquellen.

Investitionen in Finanzmärkte:

Durch kluge Investitionen in Aktien, Anleihen, Investmentfonds, Immobilien oder andere Anlageinstrumente können Sie Einkommen generieren, indem Sie Dividenden, Zinsen oder Mieteinnahmen erhalten. Diese Einkommensströme erfordern zwar eine anfängliche

Investition und eine sorgfältige Portfolloverwaltung, können aber langfristig zu einem stabilen passiven Einkommen führen.

Immobilieninvestitionen:

Der Besitz von Immobilien, wie Mietwohnungen, Gewerbeimmobilien oder Ferienhäusern, kann eine attraktive passive Einkommensquelle sein. Durch die Vermietung von Immobilien können Sie regelmäßige Mieteinnahmen erzielen und langfristig von Wertsteigerungen profitieren.

Online-Business:

Das Internet bietet zahlreiche Möglichkeiten, passive Einkommensquellen zu erschließen. Dies kann den Verkauf digitaler Produkte, das Erstellen von Online-Kursen, den Aufbau eines Affiliate-Marketing-Netzwerks oder das Generieren von Einnahmen durch Werbung auf einer eigenen Website oder einem Blog umfassen.

Lizenzierung von geistigem Eigentum:

Wenn Sie über Fähigkeiten im Bereich der Kreativität oder des geistigen Eigentums verfügen, können Sie Ihre Werke wie Musik, Bücher, Software oder Kunstwerke lizenzieren. Sie erhalten dann wiederkehrende Einnahmen durch den Verkauf von Lizenzen oder den Erhalt von Lizenzgebühren.

Skalierbarkeit:

Eine der Hauptvorteile des Unternehmertums und passiver Einkommensquellen ist die Skalierbarkeit. Im Gegensatz zu einem festen Gehalt, das normalerweise an eine begrenzte Arbeitszeit gebunden ist, ermöglichen Unternehmertum und passive Einkommensquellen das Potenzial für exponentielles Wachstum. Indem Sie Ihr Unternehmen skalieren oder Ihre passiven Einkommensströme diversifizieren, können Sie Ihr Einkommen erheblich steigern, ohne dass dies unmittelbar mit Ihrer persönlichen Arbeitszeit zusammenhängt.

Es ist wichtig zu beachten, dass sowohl Unternehmertum als auch passive Einkommensquellen mit Herausforderungen und Risiken verbunden sind. Erfolg erfordert oft harte Arbeit, Ausdauer, Risikobereitschaft und die Fähigkeit, mit Unsicherheit umzugehen. Es ist wichtig, sorgfältig zu planen, eine solide Geschäftsstrategie zu entwickeln und mögliche Risiken zu berücksichtigen.

Darüber hinaus erfordert die Umsetzung von Unternehmertum oder passiven Einkommensquellen oft eine gewisse Kenntnis und Fähigkeiten. Es kann erforderlich sein, sich in Bereichen wie Unternehmensführung, Marketing, Finanzmanagement oder digitalen Technologien weiterzubilden, um erfolgreich zu sein.

Es kommt auf die richtige Balance zwischen aktiven und passiven Einkommensströmen an. Die Möglichkeit, sowohl als Unternehmer aktiv zu arbeiten als auch passive Einkommensströme zu generieren, um ein vielfältiges Einkommensportfolio aufzubauen, besteht immer.

Kommen wir zu einem der wichtigsten Punkte, um das Einkommen zu steigern, dem richtigen Verhandeln bei Lohn- / Gehaltsverhandlungen. Die richtigen Verhandlungstechniken spielen eine entscheidende Rolle. Hier einige wichtige Aspekte, die es zu berücksichtigen gilt.

Vorbereitung:

Eine gründliche Vorbereitung ist der Schlüssel zu erfolgreichen finanziellen Verhandlungen. Informieren Sie sich über den Markt, vergleichbare Gehälter und Vergütungspakete in Ihrer Branche. Erforschen Sie die Position des Arbeitgebers und seine finanzielle Situation. Legen Sie klare Ziele und Verhandlungsgrenzen fest, damit Sie gut vorbereitet und selbstbewusst in die Verhandlungsgespräche gehen können.

Kenntnis des eigenen Wertes:

Eine wichtige Verhandlungsstrategie ist es, den eigenen Wert zu kennen und zu kommunizieren. Machen Sie eine Bestandsaufnahme Ihrer Fähigkeiten, Erfahrungen und Leistungen, die einen Mehrwert für das Unternehmen darstellen. Begründen Sie, warum Sie eine höhere Vergütung verdienen, indem Sie Ihre Erfolge und Beiträge hervorheben. Seien Sie überzeugt von Ihrem Wert und treten Sie selbstbewusst auf.

Schaffen Sie Win-Win-Situationen:

Bei finanziellen Verhandlungen ist es wichtig, eine Win-Win-Situation anzustreben, bei der sowohl Sie als auch der Arbeitgeber von der Vereinbarung profitieren. Zeigen Sie Interesse an den Bedürfnissen und Zielen des Arbeitgebers und versuchen Sie, Lösungen zu finden, die für beide Seiten vorteilhaft sind. Dies kann den Fokus auf Zusatzleistungen, Boni, Flexibilität oder andere Vergünstigungen legen, die den finanziellen Aspekt ergänzen.

Verhandlungsgeschick:

Während der Verhandlungsgespräche ist es wichtig, über gute Verhandlungsfähigkeiten zu verfügen. Dies umfasst das Zuhören, das Stellen von gezielten Fragen, das Präsentieren von überzeugenden Argumenten und das Beherrschen von Verhandlungstechniken wie dem Verhandeln von Angeboten, dem Verhandeln von Kompromissen oder dem Schaffen von Optionen. Seien Sie bereit, auf Gegenargumente einzugehen und Ihre Standpunkte klar zu vertreten.

Alternative Optionen:

Es ist ratsam, alternative Optionen zu haben, falls die Verhandlungen nicht wie gewünscht verlaufen. Eine solche Option könnte ein alternatives Stellenangebot sein, das Ihnen bessere Konditionen bietet. Das Wissen um Alternativen stärkt Ihre Verhandlungsposition und erhöht die Wahrscheinlichkeit eines erfolgreichen Ergebnisses.

Langfristige Perspektive:

Bei finanziellen Verhandlungen ist es wichtig, eine langfristige Perspektive einzunehmen. Denken Sie nicht nur an das unmittelbare Gehalt, sondern auch an Aspekte wie Entwicklungsmöglichkeiten, Aufstiegschancen und andere langfristige Vorteile. Berücksichtigen Sie auch die Auswirkungen Ihrer Verhandlungen auf Ihre berufliche Reputation und Beziehung zum Arbeitgeber.

Finanzielle Verhandlungen erfordern Übung und Erfahrung. Es kann hilfreich sein, sich mit Experten auszutauschen, Mentoren und andere erfahrene Fachleute in Ihrem Bereich um Rat zu bitten. Sie können Ihnen wertvolle

Tipps und Einsichten geben, wie Sie Ihre Verhandlungstechniken verbessern und erfolgreichere finanzielle Vereinbarungen erzielen können.

Es ist wichtig, sich bewusst zu sein, dass finanzielle Verhandlungen nicht nur auf das Gehalt beschränkt sind. Es gibt viele andere Bereiche, in denen Verhandlungsgeschick eine Rolle spielen kann, wie zum Beispiel Vertragsverhandlungen, Investitionsentscheidungen oder Verhandlungen über Kredite und Finanzierungen. Das Beherrschen von Verhandlungstechniken kann in verschiedenen finanziellen Situationen von Vorteil sein und Ihnen helfen, bessere Ergebnisse zu erzielen.

Neben den Verhandlungstechniken ist es auch wichtig, Ihre finanzielle Bildung und Kenntnisse zu erweitern. Je besser Sie die Grundlagen der persönlichen Finanzen verstehen, desto besser können Sie Ihre finanziellen Ziele definieren und in Verhandlungen strategisch vorgehen. Investieren Sie Zeit in die Aneignung von Finanzwissen, um fundierte Entscheidungen zu treffen und Ihre finanzielle Verhandlungskompetenz weiter zu stärken.

Abschließend sei darauf hingewiesen, dass finanzielle Verhandlungen ein kontinuierlicher Prozess sind. Bleiben Sie offen für neue Möglichkeiten, setzen Sie sich Ziele für die Einkommenssteigerung und verbessern Sie kontinuierlich Ihre Verhandlungsfähigkeiten. Durch eine strategische Herangehensweise und die Beherrschung der richtigen Techniken können Sie Ihre finanzielle Situation verbessern und langfristig erfolgreich sein.

Geld und Lebensqualität: Das Gleichgewicht finden

Im vorherigen Kapitel haben wir uns intensiv mit den finanziellen Aspekten beschäftigt. Doch Geld ist nicht alles im Leben. Es geht nicht nur darum, ein Vermögen aufzubauen, sondern auch darum, ein erfülltes und glückliches Leben zu führen. In diesem Kapitel wollen wir das Gleichgewicht zwischen Geld und Lebensqualität finden. Denn letztendlich geht es darum, wie wir unser Geld nutzen, um unsere Lebensziele zu erreichen und ein erfülltes Dasein zu führen.

Die Bedeutung von Lebensqualität:

Die Definition von Lebensqualität ist subjektiv und individuell. Jeder Mensch hat seine eigenen Vorstellungen davon, was ein erfülltes Leben ausmacht. Es umfasst verschiedene Aspekte wie Gesundheit, Beziehungen, persönliche Entwicklung, Freizeit und vieles mehr. Es ist wichtig, dass wir uns bewusst machen, dass wahre Lebensqualität nicht allein von materiellen Gütern abhängt.

Geld als Werkzeug, nicht als Ziel:

Es ist entscheidend, dass wir Geld als ein Mittel zum Zweck betrachten und nicht als das endgültige Ziel. Geld allein kann keine innere Zufriedenheit oder Erfüllung bringen. Es ist vielmehr ein Werkzeug, mit dem wir unsere Lebensziele erreichen können. Indem wir unsere Werte und Prioritäten kennen und unser Vermögen entsprechend einsetzen, können wir eine gute Balance zwischen finanzieller Stabilität und persönlichem Glück finden.

Reflexion der eigenen Lebensziele und Prioritäten:

Um das Gleichgewicht zwischen Geld und Lebensqualität zu finden, ist es wichtig, dass wir uns regelmäßig Zeit nehmen, um unsere Lebensziele zu reflektieren und anzupassen. Wenn wir uns bewusst machen, was uns im Leben wirklich wichtig ist, können wir unsere finanziellen Entscheidungen danach ausrichten. Dies erfordert eine ehrliche und kritische Betrachtung unserer Werte, Träume und Ziele.

Die Kunst der Balance:

Sie erfordert eine bewusste und aktive Gestaltung unseres Lebens. Es geht darum, einen gesunden Mittelweg zu finden, in dem wir einerseits unsere finanziellen Verpflichtungen erfüllen und andererseits genug Zeit und Ressourcen für die Dinge haben, die uns Freude bereiten. Dies kann bedeuten, Prioritäten zu setzen, Zeitmanagement zu optimieren und sich bewusst für das zu entscheiden, was uns wirklich glücklich macht.

Bewusster Konsum und nachhaltige

Finanzen:

Ein wesentlicher Aspekt liegt im bewussten Konsum. Oftmals sind es nicht die materiellen Güter, die uns langfristig Freude und Erfüllung bringen, sondern die Erlebnisse, Beziehungen und sinnstiftenden Aktivitäten. Indem wir uns von der Konsumkultur lösen und unsere Ausgaben bewusster gestalten, können wir unsere finanziellen Ressourcen für das nutzen, was uns wirklich wichtig ist. Zudem spielt Nachhaltigkeit eine entscheidende Rolle, um eine positive Lebensqualität für uns selbst und unsere Umwelt zu gewährleisten. Durch eine nachhaltige finanzielle Planung und Investitionen können wir langfristig sowohl unsere eigene Lebensqualität als auch die Gesundheit unseres Planeten unterstützen.

Die Bedeutung von finanzieller Sicherheit:

Eine solide finanzielle Basis ist ein wichtiger Bestandteil des Gleichgewichts zwischen Geld und Lebensqualität. Wenn wir unsere finanziellen Risiken minimieren, beispielsweise durch die Bildung eines Notfallfonds und den Abschluss angemessener Versicherungen, schaffen wir eine Grundlage für ein sorgenfreies Leben. Finanzielle Unsicherheit kann erheblichen Stress verursachen und die Lebensqualität negativ beeinflussen. Durch eine solide finanzielle Absicherung können wir uns auf das Wesentliche konzentrieren und unsere Lebensziele verfolgen.

Den Blick nach innen richten:

Es geht darum, den eigenen Wert unabhängig von materiellem Reichtum anzuerkennen und die eigene Selbstachtung nicht von äußeren finanziellen Faktoren abhängig zu machen. Indem wir uns auf unsere persönliche

Entwicklung und unsere Leidenschaften konzentrieren, können wir eine erfüllende Lebensqualität erreichen, die nicht allein auf äu-
ßerem Besitz basiert.

Geld und Beziehungen:

Die Auswirkungen von Geld auf Beziehungen
sind nicht zu unterschätzen. Es ist wichtig, offene und ehrliche Kommunikation über finanzielle Vorstellungen und Ziele zu führen, insbesondere in Partnerschaften und Familien.
Gemeinsame finanzielle Planung und klare
Absprachen können dazu beitragen, dass
das Streben nach finanzieller Stabilität und
die Pflege von Beziehungen in Einklang ge-
bracht werden.

Achtsamkeit im Umgang mit Geld:

Indem wir uns bewusst für finanzielle Entscheidungen entscheiden und unsere Emoti-
onen und Impulse beim Geldausgeben kontrollieren, können wir verantwortungsbewusster mit unseren finanziellen Ressourcen umgehen. Langfristige Perspektiven und das Ab-
wägen von kurzfristigen Bedürfnissen helfen
uns, die Auswirkungen unserer finanziellen

Entscheidungen auf unsere Lebensqualität zu erkennen und entsprechend zu handeln.

Fazit:

Das Gleichgewicht zwischen Geld und Lebensqualität zu finden, ist eine individuelle Reise. Es erfordert Reflexion, bewusste Entscheidungen und eine aktive Gestaltung unseres Lebens. Indem wir Geld als Werkzeug betrachten, unsere Lebensziele und Prioritäten klar definieren, bewusst konsumieren, finanzielle Sicherheit schaffen, uns nach innen richten und achtsam mit Geld umgehen, können wir ein erfülltes Leben führen, das im Einklang mit unseren Werten und Zielen steht. Das wahre Gleichgewicht liegt nicht in übermäßigem Reichtum, sondern darin, dass wir unsere finanziellen Ressourcen nutzen, um ein Leben zu führen, das uns Glück und Erfüllung bringt.

Die Überwindung finanzieller Blockaden und Ängste ist eng mit dem richtigen Mindset und Erfolgsprinzipien verbunden. Beachten Sie diese wichtigen Aspekte.

Bewusstsein schaffen:

Der erste Schritt zur Überwindung finanzieller Blockaden und Ängste besteht darin, sich bewusst zu machen, dass sie existieren. Identifizieren Sie die negativen Glaubenssätze, Ängste oder limitierenden Überzeugungen, die Ihnen in Bezug auf Geld im Weg stehen könnten. Dies könnte beispielsweise die Überzeugung sein, dass Geld schwer zu verdienen ist oder dass Sie es nicht verdienen, finanziellen Erfolg zu haben. Indem Sie sich dieser Blockaden bewusst werden, können Sie daran arbeiten, sie zu überwinden.

Positive Glaubenssätze und Affirmationen:

Ersetzen Sie negative Glaubenssätze durch positive Glaubenssätze und Affirmationen. Statt sich auf begrenzende Überzeugungen zu konzentrieren, wie z.B. "Geld ist schwer zu verdienen", können Sie positive Aussagen verwenden, wie

"Ich ziehe finanziellen Erfolg und Wohlstand in mein Leben an". Wiederholen Sie diese Affirmationen regelmäßig, um Ihr Unterbewusstsein auf Erfolg und Fülle zu programmieren.

Bildung und Wissenserweiterung:

Bildung ist ein wichtiger Schlüssel zur Überwindung finanzieller Blockaden und Ängste. Investieren Sie Zeit und Ressourcen in Ihre finanzielle Bildung, um ein besseres Verständnis für Geld, Investitionen, Finanzplanung und Unternehmertum zu entwickeln. Durch die Erweiterung Ihres Wissens können Sie Unsicherheiten reduzieren und fundierte finanzielle Entscheidungen treffen.

Umgang mit Risiken und Ängsten:

Finanzielle Blockaden und Ängste sind oft mit dem Umgang mit Risiken verbunden. Es ist wichtig zu erkennen, dass Risiken zum Leben und zum Erfolg dazugehören. Entwickeln Sie

die Fähigkeit, Risiken zu analysieren, abzu-
wägen und zu bewältigen. Erfolgreiche Menschen nehmen Risiken an, lernen aus Fehlern und sehen sie als Chancen für Wachstum und Fortschritt.

**Visualisierung und positive Vorstellungs-
kraft:**

Nutzen Sie die Kraft der Visualisierung, um
positive finanzielle Ergebnisse zu manifestie-
ren. Stellen Sie sich lebhaft vor, wie Ihr finanzielles Leben aussieht, wenn Sie Ihre Ziele
erreichen. Visualisieren Sie Ihren Erfolg, fühlen Sie die damit verbundene Freude und den
Wohlstand. Dies hilft Ihnen, eine positive Einstellung und eine starke Motivation für den finanziellen Erfolg aufrechtzuerhalten.

Umgebung und Netzwerk:

Umgeben Sie sich mit positiven und erfolgreichen Menschen, die ähnliche Ziele haben.
Ein unterstützendes Umfeld kann Ihnen dabei
helfen, Ihre finanziellen Blockaden zu überwinden und Ihre Ziele zu erreichen. Suchen
Sie nach Mentoren, Coaches oder Gleichge-
sinnten, die Ihnen bei Ihrer persönlichen und
finanziellen Entwicklung helfen können.

Es ist wichtig zu erkennen, dass die Überwindung finanzieller Blockaden und Ängste ein fortlaufender Prozess ist. Seien Sie geduldig und geben Sie sich Zeit, um Veränderungen in Ihrem Denken und Verhalten zu bewirken. Hier sind noch einige weitere Erfolgsprinzipien, die Ihnen helfen können, finanzielle Blockaden zu überwinden.

Zielsetzung und Planung:

Setzen Sie klare finanzielle Ziele und entwickeln Sie einen konkreten Plan, um diese zu erreichen. Ein strukturierter Ansatz hilft Ihnen, den Fokus zu behalten und auf Ihre finanziellen Prioritäten zu konzentrieren.

Ausdauer und Beharrlichkeit:

Erfolg in finanziellen Angelegenheiten erfordert Ausdauer und Beharrlichkeit. Es gibt möglicherweise Rückschläge und Hindernisse auf Ihrem Weg, aber lassen Sie sich nicht entmutigen. Bleiben Sie fokussiert und bleiben Sie an Ihren Zielen dran, auch wenn es schwierig wird.

Selbstverantwortung und Selbstbewusstsein:

Übernehmen Sie die Verantwortung für Ihre finanzielle Situation und nehmen Sie aktiv Einfluss darauf. Stärken Sie Ihr Selbstbewusstsein und glauben Sie an Ihre Fähigkeit, finanzielle Erfolge zu erreichen. Vermeiden Sie es, die Schuld auf externe Umstände oder andere Personen abzuschieben.

Kontinuierliches Lernen und Wachstum:

Der finanzielle Erfolg ist eng mit persönlichem Wachstum und lebenslangem Lernen verbunden. Seien Sie offen für neue Möglichkeiten, erweitern Sie Ihr Wissen und entwickeln Sie Ihre Fähigkeiten kontinuierlich weiter. Je mehr Sie sich entwickeln, desto besser sind Sie in der Lage, finanzielle Chancen zu erkennen und zu nutzen.

Denken in Möglichkeiten:

Entwickeln Sie eine Denkweise, die auf Möglichkeiten und Chancen ausgerichtet ist. Anstatt sich von Ängsten und Zweifeln leiten zu lassen, konzentrieren Sie sich auf Lösungen und innovative Ansätze. Sehen Sie finanzielle

Herausforderungen als Gelegenheiten zur Kreativität und Innovation.

Dankbarkeit und Wertschätzung:

Kultivieren Sie eine Haltung der Dankbarkeit und Wertschätzung für das, was Sie bereits haben. Eine positive Einstellung fördert ein Gefühl des Überflusses und zieht weitere finanzielle Fülle in Ihr Leben.

Es ist wichtig zu betonen, dass die Überwindung finanzieller Blockaden und Ängste ein individueller Prozess ist. Jeder Mensch hat unterschiedliche Herausforderungen und Bedürfnisse. Es kann hilfreich sein, professionelle Unterstützung in Form von Finanzberatern, Coaches oder Therapeuten in Anspruch zu nehmen, um gezielt an Ihren finanziellen Blockaden zu arbeiten.

Es gibt bestimmte Glaubenssätze und Denkmuster, die finanziellen Erfolg fördern können. Hier sind einige davon.

Fülle und Überfluss:

Glauben Sie daran, dass es genug Möglichkeiten, Ressourcen und Wohlstand für alle gibt. Verabschieden Sie sich von einem Mangel- und Knappheitsdenken und öffnen Sie sich für die Fülle, die das Universum bietet.

Positive Geldmentalität:

Entwickeln Sie eine positive Einstellung zum Geld. Betrachten Sie Geld als eine positive Ressource, die Ihnen ermöglicht, Ihre Ziele zu verwirklichen und positive Veränderungen in Ihrem Leben und der Welt um Sie herum zu bewirken.

Erfolgsorientierte Denkweise:

Denken Sie in Begriffen von Erfolg und Wachstum. Glauben Sie daran, dass Sie die Fähigkeiten und das Potenzial haben, finanziellen Erfolg zu erreichen. Sehen Sie Herausforderungen als Gelegenheiten zum Wachstum und zur Weiterentwicklung.

Vertrauen in die eigenen Fähigkeiten:

Vertrauen Sie in Ihre Fähigkeiten, finanzielle Ziele zu setzen und sie zu erreichen. Glauben Sie daran, dass Sie die notwendigen Fähigkeiten und Ressourcen haben, um Ihre finanziellen Ziele zu verwirklichen. Stärken Sie Ihr Selbstvertrauen und glauben Sie an sich selbst.

Risikobereitschaft:

Seien Sie bereit, Risiken einzugehen und aus Ihren Erfahrungen zu lernen. Glauben Sie daran, dass Risiken Chancen bieten und dass Sie durch das Eingehen von Risiken finanzielle Erfolge erzielen können. Seien Sie bereit, aus Fehlern zu lernen und weiterzumachen.

Positive Einstellung zum Lernen:

Bleiben Sie offen für neues Wissen und neue Perspektiven. Glauben Sie daran, dass lebenslanges Lernen Ihnen dabei hilft, Ihre finanziellen Fähigkeiten zu verbessern und neue Möglichkeiten zu entdecken.

Verantwortung übernehmen:

Nehmen Sie die Verantwortung für Ihre finanzielle Situation und Ihre Entscheidungen. Glauben Sie daran, dass Sie die Kontrolle über Ihre finanzielle Zukunft haben und dass Ihre Handlungen einen direkten Einfluss auf Ihren Erfolg haben.

Großzügigkeit und Geben:

Glauben Sie daran, dass Geben und Großzügigkeit zu mehr Fülle führen. Seien Sie bereit, Ihr finanzielles Wissen und Ihre Ressourcen mit anderen zu teilen und anderen zu helfen, Erfolg zu erzielen.

Diese Glaubenssätze und Denkmuster können Ihr Mindset positiv beeinflussen und Ihnen dabei helfen, finanziellen Erfolg anzuziehen. Es ist wichtig, kontinuierlich an Ihrem Mindset zu arbeiten, indem Sie sich mit positiven und inspirierenden Menschen umgeben, Bücher und Ressourcen nutzen, die Sie motivieren, und sich bewusst auf Ihre Gedanken und Überzeugungen konzentrieren.

Bleiben Sie immer zuversichtlich, auch wenn es im Augenblick nicht so aussieht, als würde es nicht funktionieren. Denken Sie daran, was Henry Ford einst sagte:

"When everything seems to be going against you, remember that the airplane takes off against the wind, not with it."

Was so viel heißt wie:

„Wenn alles gegen dich zu laufen scheint, erinnere dich daran, dass das Flugzeug gegen den Wind abhebt, nicht mit ihm."

Zeitmanagement und Geld: Optimiere deine Ressourcen für finanziellen Erfolg

Das effektive Management von Zeit und Geld sind zwei entscheidende Faktoren für finanziellen Erfolg. Indem man diese Ressourcen effizient nutzt und in Einklang bringt, kann man seine Produktivität steigern, finanzielle Ziele erreichen und langfristiges Wachstum des Vermögens fördern. Dieses Kapitel untersucht den Zusammenhang zwischen Zeitmanagement und Geld und bietet praktische Tipps und Strategien, um diese beiden Elemente zu optimieren.

Bewusstsein für Zeit und Geld:

Es ist wichtig, ein Bewusstsein für den Wert von Zeit und Geld zu entwickeln. Zeit ist eine begrenzte Ressource, die nicht erneuerbar ist, und Geld repräsentiert den Wert unserer Arbeit und Ressourcen. Indem wir die Bedeutung dieser beiden Ressourcen erkennen, können wir motiviert werden, sie effektiv zu verwalten und zu maximieren.

Prioritäten setzen:

Ein wesentlicher Schritt beim Zeitmanagement besteht darin, Prioritäten zu setzen. Indem man seine Ziele klar definiert und die wichtigsten Aufgaben identifiziert, kann man sicherstellen, dass die Zeit auf diejenigen Aktivitäten konzentriert wird, die den größten finanziellen Nutzen haben. Dies ermöglicht es, produktiver zu arbeiten und die Einnahmen zu maximieren.

Effiziente Arbeitsmethoden:

Die Anwendung effizienter Arbeitsmethoden ist entscheidend, um Zeitverschwendung zu vermeiden und die Produktivität zu steigern. Dies beinhaltet die Verwendung von Zeitmanagement-Techniken wie der Pomodoro-Technik, der Aufgabenpriorisierung, der Delegation von Aufgaben und die Vermeidung von Ablenkungen. Durch die Optimierung der Arbeitsmethoden kann man mehr in kürzerer Zeit erreichen und somit das Potenzial für finanzielle Belohnungen maximieren.

Investition in persönliche Weiterentwicklung:

Zeitmanagement beinhaltet auch die bewusste Investition in die persönliche Weiterentwicklung. Durch die Nutzung von Zeitressourcen für die Verbesserung beruflicher Fähigkeiten, den Erwerb von Wissen und die Entwicklung von Netzwerken kann man seine Karrierechancen verbessern. Dies kann zu Gehaltssteigerungen, beruflichem Wachstum und besseren finanziellen Möglichkeiten führen.

Vermeidung von Prokrastination:

Prokrastination ist einer der größten Feinde des effektiven Zeitmanagements. Wenn man Aufgaben aufschiebt, geht wertvolle Zeit verloren, die für produktive Tätigkeiten genutzt werden könnte. Die Vermeidung von Prokrastination durch die Entwicklung von Disziplin, die Zerlegung großer Aufgaben in kleinere Schritte und die Festlegung von klaren Fristen ermöglicht es, Zeit effektiv zu nutzen und finanzielle Fortschritte zu erzielen.

Budgetierung und Finanzplanung:

Zeitmanagement erstreckt sich auch auf die finanzielle Seite des Lebens. Indem man Zeit für die Budgetierung, Überwachung von Ausgaben, Rechnungszahlungen und die Investitionsplanung einplant, kann man eine solide finanzielle Grundlage schaffen. Eine Finanzplanung ermöglicht es, die Ressourcen effektiv zu nutzen, Schulden abzubauen, Geld zu sparen und Investitionen zu tätigen, die langfristiges Wachstum des Vermögens fördern. Zeitmanagement spielt eine wichtige Rolle, um regelmäßig Zeit für diese finanziellen Aufgaben einzuplanen und sicherzustellen, dass sie angemessen verwaltet werden.

Flexibilität und Anpassungsfähigkeit:

Ein wichtiger Aspekt des Zeitmanagements im Zusammenhang mit Geld ist die Fähigkeit, flexibel und anpassungsfähig zu sein. Finanzielle Situationen können sich ändern, unvorhergesehene Ausgaben können auftreten, und es ist wichtig, Zeit und Geld entsprechend anzupassen. Durch die Fähigkeit, Prioritäten zu verschieben, schnell auf neue Umstände zu reagieren und eine finanzielle Reserve für unvorhergesehene Ereignisse vorzuhalten, kann man finanzielle Stabilität gewährleisten.

Work-Life-Balance:

Zeitmanagement spielt auch eine Schlüsselrolle bei der Erreichung einer gesunden Work-Life-Balance. Wenn man seine Zeit effektiv plant und verwaltet, kann man genügend Zeit für persönliche Aktivitäten, Entspannung und den Aufbau von Beziehungen reservieren. Eine ausgewogene Lebensführung trägt zu besserer Gesundheit, Zufriedenheit und einer positiven Einstellung bei, was sich wiederum auf die finanzielle Situation auswirken kann.

Risikomanagement:

Das effektive Management von Zeit und Geld beinhaltet auch das Risikomanagement. Dies umfasst die Bewertung von Risiken in finanziellen Entscheidungen, die Diversifizierung von Investitionen, den Schutz vor unerwarteten finanziellen Notfällen und den Aufbau einer finanziellen Absicherung. Durch die bewusste Verwendung von Zeit und Geld, um

Risiken zu mindern, kann man finanzielle Verluste minimieren und langfristigen finanziellen Erfolg fördern.

Fazit:

Zeitmanagement und Geld sind untrennbar miteinander verbunden und spielen eine wesentliche Rolle für den finanziellen Erfolg. Durch bewusste Planung, Priorisierung, effiziente Arbeitsmethoden, persönliche Weiterentwicklung und finanzielle Planung kann man seine Zeit und finanziellen Ressourcen optimieren. Indem man Zeit und Geld effektiv nutzt, kann man Produktivität steigern, finanzielle Ziele erreichen und langfristiges Wachstum des Vermögens fördern. Das bewusste Zusammenspiel von Zeitmanagement und Geld ermöglicht es, ein ausgewogenes und finanziell erfolgreiches Leben zu führen.

Nachhaltige Finanzen & soziale Verantwortung

In diesem Kapitel werden wir uns mit der Rolle nachhaltiger Finanzen, dem ethischen und verantwortungsbewussten Einsatz unserer monetären Ressourcen sowie der Bedeutung des sozialen Engagements in Bezug auf Geld beschäftigen. Finanzielle Entscheidungen haben nicht nur Auswirkungen auf uns selbst, sondern auch auf die Gesellschaft und die Umwelt. Es ist wichtig, bewusst zu handeln und unser Kapital auf eine Weise einzusetzen, die positive Veränderungen fördert.

Die Rolle nachhaltiger Finanzen:

In diesem Abschnitt werde ich die Bedeutung der nachhaltigen Finanzen erläutern und aufzeigen, wie sie zu einer zukunftsfähigen Wirtschaft beitragen können. Des Weiteren werde ich darlegen, wie Unternehmen und Investoren ESG-Kriterien (Umwelt, Soziales und Governance) in ihre Entscheidungsprozesse einbeziehen können.

Die Bedeutung der nachhaltigen Finanzen liegt darin, dass sie eine ganzheitliche Perspektive auf finanzielle Entscheidungen einnimmt. Sie berücksichtigt nicht nur die kurzfristige Rentabilität, sondern auch die langfristigen Auswirkungen auf die Umwelt, die Gesellschaft und die Unternehmensführung. Dabei wird sichergestellt, dass finanzielle Ressourcen und Investitionen im Einklang mit den ökologischen und sozialen Zielen stehen.

Unternehmen spielen eine entscheidende Rolle bei der Förderung dieser Finanzen. Sie können ESG-Kriterien in ihre Geschäftsstrategie und -praktiken integrieren. Dies kann bedeuten, dass sie ökologische Nachhaltigkeit durch den Einsatz erneuerbarer Energien, Ressourceneffizienz und Umweltschutzmaßnahmen fördern. Sie können auch soziale Verantwortung übernehmen, indem sie sich für Arbeitsplatzsicherheit, faire Arbeitsbedingungen und soziale Gerechtigkeit einsetzen. Darüber hinaus ist eine gute Unternehmensführung wichtig, um Transparenz, Ethik und Integrität sicherzustellen.

Investoren sind ebenfalls eine treibende Kraft für nachhaltige Finanzen. Sie können ihre Anlagestrategien an ESG-Kriterien ausrichten und gezielt in Unternehmen investieren, die nachhaltige Praktiken verfolgen.

Durch den Einsatz von Screening-Verfahren oder die Auswahl von nachhaltigen Investmentfonds können Investoren sicherstellen, dass ihr Kapital für positive Veränderungen eingesetzt wird. Sie haben auch die Möglichkeit, mit Unternehmen zu interagieren und auf eine nachhaltige Unternehmensführung zu drängen.

Die Einbeziehung von ESG-Kriterien in die Entscheidungsprozesse erfordert jedoch die Verfügbarkeit und Qualität von Nachhaltigkeitsdaten. Um die Transparenz und Vergleichbarkeit zu verbessern, müssen Standards und Rahmenwerke entwickelt werden, die es Unternehmen ermöglichen, ihre Nachhaltigkeitsleistung zu messen und zu kommunizieren. Initiativen wie die Global Reporting Initiative (GRI) und die Task Force on Climate-related Financial Disclosures (TCFD) tragen dazu bei, einheitliche Berichterstattungsstandards zu etablieren.

Insgesamt tragen nachhaltige Finanzen dazu bei, dass finanzielle Entscheidungen im Einklang mit der Vision stehen, einen positiven

Beitrag für die Umwelt und Gesellschaft zu leisten. Indem Unternehmen und Investoren ESG-Kriterien in ihre Entscheidungsprozesse einbeziehen, können sie Risiken mindern und langfristige Chancen nutzen.

Ein wichtiger Aspekt bei der Integration von ESG-Kriterien ist die Risikobewertung. Unternehmen, die Umwelt- und Sozialrisiken effektiv managen, sind weniger anfällig für negative Auswirkungen wie Umweltschäden, Arbeitsrechtsverletzungen oder Reputationsverluste. Durch die Berücksichtigung von ESG-Risiken können Investoren ihre Portfolios gegen potenzielle Risiken absichern und ihre langfristige Wertentwicklung verbessern.

Darüber hinaus bieten nachhaltige Finanzen auch Chancen für Unternehmen und Investoren. Unternehmen, die nachhaltige Geschäftspraktiken umsetzen, können von Kosteneinsparungen durch Energieeffizienz, Ressourcenschonung und Abfallreduzierung profitieren. Sie können auch Zugang zu neuen Märkten und Kunden gewinnen, da die Nachfrage nach nachhaltigen Produkten und Dienstleistungen steigt. Investoren, die in nachhaltige Unternehmen investieren, können langfristig stabile Renditen erzielen und ihr Portfolio diversifizieren.

Damit es weiter gefördert wird, sind jedoch auch regulatorische Maßnahmen erforderlich. Regierungen können Anreize setzen, um nachhaltige Investitionen zu fördern, wie z.B. Steuervergünstigungen oder Förderprogramme für grüne Projekte. Sie können auch verbindliche Vorgaben für Unternehmen einführen, um Nachhaltigkeitsziele zu erreichen und transparent über ihre Nachhaltigkeitsleistung zu berichten.

Wie man sein Geld ethisch und verantwortungsbewusst einsetzt:

In diesem Abschnitt werden wir diskutieren, wie man ethische Anlagen tätigt und sein Geld verantwortungsbewusst einsetzt. Dabei werde ich aufzeigen, wie Investitionen in Unternehmen, die umweltfreundliche Praktiken verfolgen oder soziale Gerechtigkeit fördern, getätigt werden können. Zudem werden wir verschiedene Möglichkeiten beleuchten, wie man sein Geld bei Banken oder Finanzinstituten mit einer nachhaltigen Ausrichtung anlegen kann. Darüber hinaus werden wir die Bedeutung von ethischen Konsumentscheidungen erörtern und wie sie unseren ökologischen Fußabdruck und unsere soziale Verantwortung beeinflussen können.

Die Wahl ethischer Anlagen spielt eine entscheidende Rolle, um unser Geld verantwortungsvoll einzusetzen. Eine Möglichkeit besteht darin, in Unternehmen zu investieren, die umweltfreundliche Praktiken verfolgen.

Dies kann beispielsweise der Fall sein, wenn ein Unternehmen erneuerbare Energien fördert, Energieeffizienzmaßnahmen umsetzt oder nachhaltige Produktionsmethoden einsetzt, um seinen ökologischen Fußabdruck zu minimieren.

Unter anderem sollten wir unser Geld auch gezielt in Unternehmen investieren, die soziale Gerechtigkeit und faire Arbeitsbedingungen fördern. Dies kann beispielsweise bedeuten, dass wir in Unternehmen investieren, die menschenwürdige Arbeitsbedingungen gewährleisten, Chancengleichheit fördern oder sich für soziale Projekte und gemeinnützige Organisationen engagieren. Durch solche Investitionen tragen wir dazu bei, eine gerechtere Gesellschaft aufzubauen und soziale Veränderungen zu unterstützen.

Eine weitere Möglichkeit besteht darin, sein Geld bei Banken oder Finanzinstituten mit einer nachhaltigen Ausrichtung anzulegen. Immer mehr Finanzinstitute bieten heute ethische Anlageprodukte oder nachhaltige Investmentfonds an, bei denen die Auswahl der Unternehmen nach ESG-Kriterien erfolgt. Diese Kriterien berücksichtigen Umwelt-, Sozial- und Governance-Faktoren und stellen sicher, dass das investierte Geld in Unternehmen fließt, die sich für Nachhaltigkeit und soziale Verantwortung einsetzen. Durch die Auswahl solcher Banken als Partner können wir sicherstellen, dass unser Geld in Übereinstimmung mit unseren ethischen Werten eingesetzt wird.

Neben ethischen Investitionen ist auch die bewusste Konsumentscheidung von großer Bedeutung. Durch unsere Kaufentscheidungen können wir Unternehmen unterstützen, die für uns wichtige Standards einhalten und umweltfreundliche Produkte anbieten. Dies kann bedeuten, dass wir beispielsweise auf fair gehandelte Produkte achten, regionale und saisonale Lebensmittel wählen oder auf umweltfreundliche Alternativen umsteigen. Indem wir bewusst konsumieren, tragen wir dazu bei, den Markt zu beeinflussen und Unternehmen zu ermutigen, nachhaltige Praktiken zu übernehmen.

Die Bedeutung von sozialem Engagement in Bezug auf Geld:

In diesem Abschnitt werden wir die Bedeutung von sozialem Engagement in Bezug auf Geld untersuchen. Wir werden diskutieren, wie Spenden und philanthropische Aktivitäten denjenigen helfen können, die es am dringendsten benötigen. Zudem werden wir über verschiedene Möglichkeiten sprechen, wie Einzelpersonen oder Unternehmen aktiv an sozialen Projekten teilnehmen können, sei es durch Freiwilligenarbeit, Unterstützung gemeinnütziger Organisationen oder den Aufbau sozialer Unternehmen. Darüber hinaus werden wir den Einfluss des sozialen Engagements auf das eigene Wohlbefinden und die Entwicklung einer positiven Gemeinschaft betrachten.

Soziales Engagement in Bezug auf Geld spielt eine entscheidende Rolle bei der Unterstützung von Menschen und Gemeinschaften, die dringend Hilfe benötigen. Eine wichtige Möglichkeit besteht darin, finanzielle Spenden an gemeinnützige Organisationen oder wohltätige Zwecke zu leisten. Durch diese Großzügigkeit können wir dazu beitragen, soziale Programme und Projekte zu finanzieren, die Bedürftigen helfen, wie beispielsweise Programme zur Armutsbekämpfung, Bildungsförderung oder medizinische Versorgung. Spenden ermöglichen es uns, direkte Hilfe zu leisten und einen positiven Einfluss auf das Leben anderer Menschen auszuüben.

Neben finanziellen Spenden können Einzelpersonen oder Unternehmen auch durch Freiwilligenarbeit aktiv in sozialen Projekten mitwirken. Sie ermöglicht es uns, unsere Zeit, Fähigkeiten und Erfahrungen einzusetzen, um anderen zu helfen. Dies kann beispielsweise bedeuten, in Suppenküchen mitzuhelfen, bei Bildungsprogrammen für benachteiligte Kinder zu unterstützen oder sich bei Umweltschutzinitiativen zu engagieren. Durch aktive Teilnahme am sozialen Engagement können wir persönliche Verbindung zu anderen Menschen herstellen und direkte positive Veränderungen in der Gemeinschaft bewirken.

Eine weitere Möglichkeit besteht darin, soziale Unternehmen zu unterstützen oder selbst solche aufzubauen. Sie erzielen nicht nur Gewinne, sondern haben unter anderem einen positiven sozialen oder ökologischen Einfluss. Durch den Kauf von Produkten oder Dienstleistungen von sozialen Unternehmen oder durch die Gründung eigener sozialer Unternehmen können wir eine nachhaltige soziale Veränderung fördern und gleichzeitig wirtschaftliche Aktivitäten unterstützen, die Menschen und die Umwelt positiv beeinflussen.

Das hat nicht nur positive Auswirkungen auf diejenigen, die Unterstützung erhalten, sondern auch auf uns selbst.

Es ist erwiesen, dass ein solches soziales Engagement langfristig positive Auswirkungen auf die Gewinne eines Unternehmens haben kann. Hier sind einige Möglichkeiten, wie sich soziales Engagement positiv auf die Gewinne eines Unternehmens auswirken kann:

Verbessertes Unternehmensimage und Markenwert:

Unternehmen, die sich aktiv für soziale Zwecke einsetzen, werden oft als verantwortungsbewusste und nachhaltige Organisationen wahrgenommen. Ein positives Image führt zu einer höheren Markenbekanntheit und -loyalität, was sich in einem gesteigerten

Kundenvertrauen und einer positiven Wahrnehmung der Marke niederschlagen kann. Dies kann zu einer Steigerung der Kundennachfrage und einem Wettbewerbsvorteil führen, was sich direkt in höheren Gewinnen widerspiegelt.

Erhöhte Kundenbindung und -loyalität:

Kunden tendieren dazu, eine emotionale Bindung zu Unternehmen aufzubauen, die sich für soziale oder umweltbezogene Themen einsetzen. Durch die Identifikation mit den Werten und Zielen des Unternehmens fühlen sich Kunden enger mit der Marke verbunden. Loyalität und wiederkehrende Geschäfte steigern die Umsätze und tragen zu höheren Gewinnen bei.

Höhere Mitarbeitermotivation und -bindung:

Soziales Engagement kann auch die Mitarbeiterzufriedenheit und -motivation steigern. Mitarbeiter sind stolz darauf, für ein Unternehmen zu arbeiten, das sich für soziale Zwecke einsetzt, und fühlen sich mit dem Unternehmen verbunden. Dies führt zu einer höheren

Mitarbeiterbindung, einer geringeren Fluktuation und letztendlich zu geringeren Kosten für die Einstellung und Schulung neuer Mitarbeiter.

Zugang zu neuen Märkten und Kunden:

Unternehmen, die sich für soziale oder umweltbezogene Themen engagieren, können Zugang zu neuen Kundensegmenten erhalten, die eine starke Affinität zu diesen Werten haben. Diese neuen Marktsegmente können zusätzliche Umsatzmöglichkeiten bieten und das Kundenportfolio erweitern, was sich in höheren Gewinnen niederschlagen kann.

Kosteneinsparungen durch nachhaltiges Wirtschaften:

Soziales Engagement kann auch mit Nachhaltigkeitspraktiken und umweltfreundlichen Initiativen einhergehen. Unternehmen, die auf Ressourcenschonung und Abfallvermeidung setzen, können langfristig Kosten reduzieren. Dies umfasst beispielsweise den Einsatz erneuerbarer Energien, die Optimierung von Produktionsprozessen und die Reduzierung von Abfällen. Kosteneinsparungen können die Profitabilität steigern.

Bessere Beziehungen zu Stakeholdern:

Unternehmen, die sich für soziale Zwecke einsetzen, bauen oft bessere Beziehungen zu verschiedenen Stakeholdern auf, einschließlich Regierungen, NGOs, Lieferanten und der Gesellschaft im Allgemeinen. Positive Beziehungen können zu einem besseren Geschäftsumfeld führen, das den Zugang zu Ressourcen, Finanzierungen und Unterstützung erleichtert.

Es ist wichtig zu betonen, dass soziales Engagement nicht nur ein kurzfristiger Marketingtrick sein sollte, sondern authentisch und langfristig in die Unternehmenskultur integriert sein muss. Ein konsistentes Engagement für soziale Verantwortung kann zu einer positiven Wahrnehmung des Unternehmens führen und langfristig dazu beitragen, das Vertrauen der Kunden zu gewinnen und die Gewinne zu steigern.

Schlussfolgerung:

Nachhaltige Finanzen, ethischer und verantwortungsbewusster Einsatz von Geld sowie soziales Engagement sind miteinander verbundene Konzepte, die eine wichtige Rolle in unserer heutigen Gesellschaft spielen. Indem wir unser Geld bewusst einsetzen, können wir dazu beitragen, eine nachhaltigere und gerechtere Welt zu schaffen. Es liegt in unserer Verantwortung, über die reinen finanziellen Aspekte hinauszublicken und die Auswirkungen unserer Entscheidungen auf die Umwelt und die Gesellschaft zu berücksichtigen.

Die Bedeutung von Versicherungen und Absicherung

In diesem Kapitel werden wir uns mit der Bedeutung von Versicherungen und Absicherung auseinandersetzen. Versicherungen spielen eine entscheidende Rolle in der finanziellen Planung und bieten Schutz vor unvorhergesehenen Ereignissen. Wir werden die verschiedenen Arten von Versicherungen erkunden und erläutern, wie sie zur Absicherung unserer finanziellen Zukunft beitragen können.

Risikomanagement und Absicherung:

Wir beginnen damit, den Begriff des Risikomanagements zu erklären und warum es wichtig ist, sich gegen verschiedene Risiken abzusichern. Wir werden die Risiken des Lebens identifizieren, wie z. B. Krankheit, Verletzungen, Sachschäden und Haftungsansprüche, und erläutern, wie Versicherungen helfen können, diese Risiken zu mindern.

Risikomanagement ist ein strategischer Ansatz, um potenzielle Risiken zu identifizieren, zu analysieren und entsprechende Maßnahmen zu ergreifen, um die Auswirkungen dieser Risiken auf ein Individuum oder Unternehmen zu mindern oder zu kontrollieren. Das Ziel des Risikomanagements besteht darin, Unsicherheiten zu bewältigen und sich gegen mögliche negative Ereignisse abzusichern. Es ist ein wichtiger Prozess, um finanzielle Stabilität und Geschäftskontinuität sicherzustellen.

Warum ist es wichtig, sich gegen verschiedene Risiken abzusichern?

Schutz vor finanziellen Verlusten:

Unvorhergesehene Ereignisse wie Krankheit, Verletzungen, Sachschäden oder Haftungsansprüche können erhebliche finanzielle Belastungen verursachen. Durch Risikomanagement und den Abschluss geeigneter Versicherungen kann man finanzielle Verluste minimieren und sich vor den Kosten schützen, die solche Ereignisse mit sich bringen können.

Sicherung der Lebensqualität:

Risiken können das Leben drastisch verändern und die Lebensqualität beeinträchtigen. Durch eine angemessene Risikoabsicherung kann man sicherstellen, dass die grundlegenden Bedürfnisse und Lebensstandards auch in schwierigen Zeiten aufrechterhalten werden.

Geschäftskontinuität:

Für Unternehmen ist das Risikomanagement von entscheidender Bedeutung, um Betriebsunterbrechungen zu vermeiden und die Geschäftskontinuität sicherzustellen. Durch die Absicherung gegen verschiedene Risiken können Unternehmen besser auf unvorhergesehene Ereignisse reagieren und ihre Geschäftstätigkeiten aufrechterhalten.

Reduzierung von persönlichen und geschäftlichen Haftungsrisiken:

Haftungsansprüche können existenzbedrohend sein. Versicherungen wie Haftpflichtversicherungen bieten Schutz vor den finanziellen Folgen von Schäden, die man anderen versehentlich zufügt.

Wie Versicherungen bei der Minderung von Risiken helfen können:

Krankenversicherung:

Diese spielen eine entscheidende Rolle bei der Minderung von Risiken im Gesundheitsbereich. Sie bieten finanzielle Unterstützung und Schutz vor den Kosten medizinischer Behandlungen und Gesundheitsfürsorge. Hier sind einige Möglichkeiten, wie Krankenversicherungen bei der Risikominderung helfen können.

Abdeckung medizinischer Kosten:

Krankenversicherungen übernehmen einen Teil oder die gesamten Kosten für Arztbesuche, Krankenhausaufenthalte, Medikamente, Diagnosetests und andere medizinisch notwendige Leistungen. Dadurch wird gewährleistet, dass die Versicherten Zugang zu hochwertiger medizinischer Versorgung haben, ohne sich über hohe Ausgaben sorgen zu müssen.

Früherkennung und Prävention:

Viele Krankenversicherungen bieten Leistungen zur Früherkennung von Krankheiten und zur Förderung von Präventionsmaßnahmen. Durch regelmäßige Vorsorgeuntersuchungen können potenzielle Gesundheitsprobleme frühzeitig erkannt oder sogar verhindert werden, was zu einer besseren Gesundheit und einer geringeren Wahrscheinlichkeit schwerwiegender Komplikationen führen kann.

Zugang zu Spezialisten und Fachärzten:

Einige Gesundheitszustände erfordern die Expertise von Spezialisten oder Fachärzten. Krankenversicherungen ermöglichen es den Versicherten, auf ein breites Netzwerk von Ärzten und medizinischen Fachkräften zuzugreifen, um eine angemessene und spezialisierte Behandlung zu erhalten.

Finanzielle Sicherheit im Krankheitsfall:

Krankheiten oder Verletzungen können unvorhersehbare finanzielle Belastungen verursachen. Eine Krankenversicherung bietet Schutz vor hohen medizinischen Kosten und hilft, finanzielle Belastungen zu mindern, die aus einer Krankheit resultieren könnten.

Reduzierung der Wartezeiten:

In Ländern mit öffentlichen Gesundheitssystemen können Wartezeiten für medizinische Behandlungen lang sein. Mit einer privaten Krankenversicherung erhalten Versicherte oft schnelleren Zugang zu medizinischen Leistungen und Behandlungen.

Zusätzliche Leistungen:

Einige Krankenversicherungen bieten zusätzliche Leistungen wie Zahnpflege, Sehhilfen oder alternative Medizin an. Diese Zusatzleistungen können die Gesundheitsversorgung ergänzen und den Versicherten mehr Optionen bieten.

Entlastung für Angehörige:

Im Falle einer schweren Erkrankung oder Verletzung kann eine Krankenversicherung auch die finanzielle Belastung für Angehörige reduzieren, da die Versorgungskosten durch die Versicherung abgedeckt sind.

Insgesamt helfon Krankenversicherungen, die finanziellen Risiken im Zusammenhang mit Gesundheitsproblemen zu mindern und den Zugang zu qualitativ hochwertiger Gesundheitsversorgung zu erleichtern. Sie tragen dazu bei, dass die Versicherten eine angemessene und zeitnahe medizinische Versorgung erhalten, ohne dass sie sich über die hohen Kosten sorgen müssen, die mit der Gesundheitsfürsorge verbunden sein können.

Berufsunfähigkeitsversicherung:

Die Berufsunfähigkeitsversicherung bietet finanziellen Schutz, falls man aufgrund von Krankheit oder Unfall dauerhaft arbeitsunfähig wird. Ich werde die Gründe erläutern, warum eine Berufsunfähigkeitsversicherung sinnvoll ist:

Einkommensschutz:

Eine Berufsunfähigkeitsversicherung bietet einen umfassenden Schutz für den Fall, dass man aufgrund von Krankheit oder Unfall dauerhaft nicht mehr in der Lage ist, seinen Beruf auszuüben. Sie sichert das Einkommen ab

und stellt sicher, dass man auch bei Berufsunfähigkeit weiterhin finanziell abgesichert
ist.

Deckung von finanziellen Verpflichtun-
gen:

Die meisten Menschen haben finanzielle Verpflichtungen wie Miete, Hypothekenzahlun-
gen, Kredite oder laufende Ausgaben. Eine
Berufsunfähigkeit kann diese Verpflichtungen
gefährden. Eine Berufsunfähigkeitsversicherung stellt sicher, dass diese Kosten weiterhin
gedeckt werden können, auch wenn das Einkommen durch Berufsunfähigkeit wegfällt.

Erhalt des Lebensstandards:

Sie kann zu erheblichen finanziellen Ein-
schränkungen führen. Eine Berufsunfähigkeitsversicherung hilft dabei, den gewohnten
Lebensstandard aufrechtzuerhalten, da sie
eine finanzielle Entschädigung bietet, die die
Einkommenslücke schließt.

Unabhängigkeit von staatlichen Leistun-
gen:

Die staatlichen Leistungen bei Berufsunfähigkeit sind in den meisten Ländern begrenzt

und reichen oft nicht aus, um den tatsächlichen Bedarf zu decken. Eine Berufsunfähigkeitsversicherung bietet einen zusätzlichen privaten Schutz, der unabhängig von staatlichen Leistungen ist.

Flexibilität und individuelle Anpassung:
Eine Berufsunfähigkeitsversicherung kann individuell an die persönlichen Bedürfnisse angepasst werden. Man kann die Versicherungssumme, die Versicherungsdauer und zusätzliche Optionen wie die Dynamisierung der Leistungen oder den Verzicht auf die abstrakte Verweisung wählen, um den bestmöglichen Schutz zu gewährleisten.

Frühzeitiger Abschluss:

Diese Versicherung sollte möglichst frühzeitig abgeschlossen werden, solange man noch gesund ist und keine Vorerkrankungen vorliegen. Je jünger und gesünder man beim Abschluss ist, desto günstiger sind die Beiträge und desto umfassender ist der Versicherungsschutz.

Berufsunfähigkeit kann jeden treffen:

Berufsunfähigkeit kann jeden treffen, unabhängig von Alter, Beruf oder Gesundheitszustand. Unvorhergesehene Ereignisse wie Unfälle oder schwere Krankheiten können dazu führen, dass man seinen Beruf nicht mehr ausüben kann. Eine Berufsunfähigkeitsversicherung schützt vor den finanziellen Folgen solcher Ereignisse.

Lebensversicherung:

Die Lebensversicherung dient der finanziellen Absicherung der Hinterbliebenen im Todesfall. Ich werde kurz die verschiedenen Arten von Lebensversicherungen, wie z. B. Risikolebensversicherungen und Kapitallebensversicherungen, erklären und auf ihre Vor- und Nachteile eingehen. Hier sind zwei der gängigsten Arten von Lebensversicherungen:

Die **Risikolebensversicherung** ist eine Form der Lebensversicherung, bei der der Versicherungsschutz für einen bestimmten Zeitraum, die sogenannte Versicherungsdauer, gewährt wird. Wenn der Versicherte während dieser Zeit verstirbt, erhalten die benannten Begünstigten eine vorher festgelegte Versicherungssumme. Eine Risikolebensversicherung eignet sich insbesondere für Personen, die ihre Hinterbliebenen finanziell absichern möchten, zum Beispiel zur Tilgung von Schulden, zur Deckung von Bestattungskosten oder zur Sicherstellung des Lebensunterhalts der Familie.

Vorteile der Risikolebensversicherung sind:

- Finanzielle Absicherung der Hinterbliebenen im Todesfall des Versicherten
- Flexibilität bei der Festlegung der Versicherungssumme und der Versicherungsdauer
- Niedrigere Beiträge im Vergleich zu anderen Lebensversicherungen

Nachteile der Risikolebensversicherung:

- Keine Auszahlung, wenn der Versicherte den vereinbarten Zeitraum überlebt

- Keine Möglichkeit der Kapitalbildung oder Geldanlage

Die **Kapitallebensversicherung** kombiniert den Versicherungsschutz mit einer langfristigen Geldanlage. Sie bietet eine Todesfallleistung sowie eine mögliche Auszahlung bei Vertragsende, unabhängig davon, ob der Versicherte verstorben ist oder nicht. Ein Teil der gezahlten Beiträge wird in einem sogenannten Sparanteil angelegt und kann während der Vertragslaufzeit wachsen. Am Ende der Versicherungsdauer erhält der Versicherte entweder eine einmalige Auszahlung oder kann die Versicherung als monatliche Rente beziehen.

Vorteile der Kapitallebensversicherung:

- Kombination aus Versicherungsschutz und langfristiger Geldanlage
- Möglichkeit der Kapitalbildung und Vermögensaufbau
- Steuerliche Vorteile (abhängig vom Land und der individuellen Gesetzgebung)

Nachteile der Kapitallebensversicherung:

- Höhere Beiträge im Vergleich zur Risikolebensversicherung
- Niedrigere Renditen im Vergleich zu anderen Anlageformen wie Aktien oder Investmentfonds
- Mögliche Kündigungs- oder Stornokosten bei vorzeitiger Vertragsauflösung
-

Es ist wichtig zu beachten, dass Lebensversicherungen individuell angepasst werden können und die genauen Konditionen und Leistungen von Versicherungsgesellschaft zu Versicherungsgesellschaft variieren können. Vor dem Abschluss einer Lebensversicherung ist es ratsam, die Vertragsbedingungen gründlich zu prüfen, verschiedene Angebote zu vergleichen und gegebenenfalls professionelle Beratung in Anspruch zu nehmen, um sicherzustellen, dass die Versicherung den individuellen Bedürfnissen und Zielen entspricht.

Haftpflichtversicherung:

Die Haftpflichtversicherung schützt vor finanziellen Verlusten, die durch Schäden an Eigentum oder Verletzungen anderer Personen entstehen können. Die wichtigsten Arten sind die Privathaftpflichtversicherung oder die Berufshaftpflichtversicherung.

Die **Privathaftpflichtversicherung** schützt eine Privatperson vor den finanziellen Folgen von Schäden, die sie Dritten zufügt. Sie deckt Schadensersatzansprüche ab, die aufgrund von Verletzungen, Sachschäden oder Vermögensschäden entstehen können, die die versicherte Person versehentlich verursacht hat. Beispiele hierfür sind Unfälle im häuslichen Bereich, Schäden an fremdem Eigentum oder Verletzungen, die durch Fahrlässigkeit entstanden sind.

Die Privathaftpflichtversicherung bietet Schutz für den Versicherungsnehmer und oft auch für mitversicherte Familienmitglieder. Sie deckt jedoch in der Regel keine Schäden ab, die im Zusammenhang mit beruflichen Tätigkeiten entstehen. Für diese Fälle ist eine separate Berufshaftpflichtversicherung erforderlich.

Die **Berufshaftpflichtversicherung** richtet sich an Personen, die eine berufliche Tätigkeit ausüben, sei es als Selbstständige, Freiberufler oder Gewerbetreibende. Sie schützt vor den finanziellen Folgen von Schäden, die durch Fehler, Unterlassungen oder Fahrlässigkeit im Rahmen der beruflichen Tätigkeit verursacht wurden. Je nach Beruf können diese Schäden erheblich sein und zu hohen Schadensersatzforderungen führen.

Die Berufshaftpflichtversicherung ist spezifisch auf den jeweiligen Beruf zugeschnitten und deckt daher die Risiken ab, die mit dieser Tätigkeit verbunden sind. Sie bietet Schutz vor Ansprüchen von Kunden, Geschäftspartnern oder anderen Beteiligten, die aufgrund von Fehlern, mangelhafter Beratung oder anderen berufsbedingten Schäden entstehen können.

Es ist wichtig zu beachten, dass die genauen Leistungen und Bedingungen einer Privathaftpflichtversicherung und einer Berufshaftpflichtversicherung von Versicherungsgesellschaft zu Versicherungsgesellschaft unterschiedlich sein können. Bevor man eine Versicherung abschließt, sollte man die Vertragsbedingungen sorgfältig prüfen und gegebenenfalls professionelle Beratung in Anspruch nehmen, um sicherzustellen, dass der Versicherungsschutz den individuellen Bedürfnissen und Anforderungen entspricht.

Sachversicherungen:

Sachversicherungen, wie z. B. Hausratversicherung und Wohngebäudeversicherung, schützen unser Eigentum vor Schäden durch Feuer, Wasser oder Diebstahl.

Fazit:

Die Bedeutung von Versicherungen und Absicherungen darf nicht unterschätzt werden. Sie bieten finanziellen Schutz und sorgen für Sicherheit in unvorhergesehenen Situationen. Mit einer fundierten Kenntnis der verschiedenen Versicherungsarten, dem Verständnis des individuellen Versicherungsbedarfs und einer mit entsprechender Planung und Optimierung der Versicherungsverträge können Leserinnen und Leser ihre finanzielle Stabilität verbessern. Die richtigen Versicherungen helfen dabei, finanzielle Risiken zu minimieren, unerwartete Kosten abzudecken und langfristig ein solides Fundament für die persönliche finanzielle Absicherung aufzubauen.

Erbschaften und Nachlasspla-
nung

Die Frage der Nachlassplanung und Erbschaften ist ein wichtiger Aspekt der finanziellen Vorsorge, der oft übersehen wird. Eine
umfassende Nachlassplanung ermöglicht es
Ihnen, die Verteilung Ihres Vermögens gemäß Ihren Wünschen zu regeln und Ihren
Hinterbliebenen in einer emotional schwierigen Zeit Unterstützung zu bieten. In diesem
Kapitel werden wir uns mit den Grundlagen
der Erbschaften und der Nachlassplanung
befassen, um Ihnen dabei zu helfen, eine solide finanzielle Basis für die Zukunft zu schaffen.

Bedeutung der Nachlassplanung:

Wir werden zunächst die Bedeutung der
Nachlassplanung erörtern. Eine sorgfältige
Nachlassplanung gibt Ihnen die Möglichkeit,
über die Verteilung Ihres Vermögens zu entscheiden, Steuern zu minimieren, Streitigkei-
ten zu vermeiden und Ihren Angehörigen eine
klare Anleitung zu hinterlassen. Es ermöglicht
Ihnen auch, wichtige Entscheidungen im Vo-

raus zu treffen, wie zum Beispiel die Benennung eines Testamentsvollstreckers oder die Festlegung von Vormundschaftsregelungen für minderjährige Kinder.

Vermögensinventur:

Eine umfassende Vermögensinventur ist ein wesentlicher Schritt bei der Nachlassplanung. Erfassen Sie Ihr gesamtes Vermögen, einschließlich Bankkonten, Investitionen, Immobilien, Fahrzeugen, Versicherungen und persönlichen Besitztümern. Diese Aufstellung hilft Ihnen, den Gesamtwert Ihres Vermögens zu bestimmen und eine Grundlage für die Verteilung zu schaffen.

Testament und Erbvertrag:

Ein Testament ist ein rechtliches Dokument, das Ihre Wünsche hinsichtlich der Verteilung Ihres Vermögens nach Ihrem Tod festlegt. Es ist wichtig, ein Testament zu erstellen, um sicherzustellen, dass Ihre Vermögenswerte entsprechend Ihren Vorstellungen verteilt werden. Ein Erbvertrag kann ebenfalls in Erwägung gezogen werden, um die Vermögensübertragung zu regeln und bestimmte Bedingungen festzulegen.

Benennung von Begünstigten:

Neben der Erstellung eines Testaments sollten Sie auch Begünstigte für Ihre Versicherungen, Rentenpläne und Konten benennen. Durch die Benennung von Begünstigten können Sie sicherstellen, dass diese Vermögenswerte direkt an die von Ihnen bestimmten Personen gehen, ohne dass sie in den Nachlass eingehen.

Steuerliche Aspekte:

Bei der Nachlassplanung sollten Sie auch die steuerlichen Auswirkungen berücksichtigen. Informieren Sie sich über die geltenden Steuergesetze in Bezug auf Erbschaften und Schenkungen und prüfen Sie Möglichkeiten zur Minimierung der Steuerlast für Ihre Erben.

Vorsorgevollmacht und Patientenverfügung:

Neben der finanziellen Nachlassplanung sollten Sie auch eine Vorsorgevollmacht und eine Patientenverfügung erstellen. Eine Vorsorgevollmacht ermöglicht es einer von Ihnen benannten Person, Ihre finanziellen Angelegenheiten zu regeln, falls Sie dazu selbst nicht mehr in der Lage sind. Eine Patienten-verfügung hingegen legt fest, welche medizinischen Entscheidungen für Sie getroffen werden sollen, wenn Sie nicht mehr in der Lage sind, diese selbst zu treffen. Diese Dokumente geben Ihnen die Möglichkeit, im Voraus Entscheidungen zu treffen und Ihren Willen festzuhalten.

Testamentsvollstreckung und Vermögensverwaltung:

Die Ernennung eines Testamentsvollstreckers kann eine sinnvolle Option sein, um sicherzustellen, dass Ihre Nachlassangelegenheiten gemäß Ihren Anweisungen geregelt werden. Ein Testamentsvollstrecker ist für die Verwaltung und Verteilung Ihres Vermögens verantwortlich und sorgt dafür, dass Ihre Wünsche umgesetzt werden.

Kommunikation mit den Angehörigen:

Es ist wichtig, mit Ihren Angehörigen über Ihre Nachlassplanung zu kommunizieren. Besprechen Sie Ihre Wünsche und Absichten, um mögliche Missverständnisse oder Streitig-

keiten zu vermeiden. Eine offene Kommunikation schafft Klarheit und erleichtert den
Übergang nach Ihrem Tod.

Aktualisierung der Nachlassplanung:

Eine regelmäßige Aktualisierung Ihrer Nachlassplanung ist entscheidend, insbesondere
bei Veränderungen Ihrer finanziellen Situation, Ihrer Familie oder Ihrer persönlichen
Präferenzen. Überprüfen Sie Ihre Dokumente
regelmäßig und passen Sie sie gegebenenfalls an, um sicherzustellen, dass sie immer
Ihren aktuellen Bedürfnissen entsprechen.

Professionelle Beratung hinzuziehen:

Die Nachlassplanung kann komplex sein, und
es ist ratsam, professionelle Hilfe in Anspruch
zu nehmen. Ein Anwalt oder Steuerberater
mit Erfahrung in Nachlassplanung kann Sie
bei der Erstellung der erforderlichen Dokumente unterstützen und Ihnen bei steuerlichen Aspekten helfen.

Fazit:

Die Nachlassplanung ist ein wesentlicher Bestandteil der finanziellen Vorsorge und ermöglicht es Ihnen, die Verteilung Ihres Vermögens und die Regelung wichtiger Angelegenheiten gemäß Ihren Wünschen zu regeln. Eine umfassende Nachlassplanung bietet finanzielle Sicherheit für Ihre Hinterbliebenen und minimiert das Risiko von Konflikten und Unsicherheiten. Nehmen Sie sich die Zeit, um Ihre Nachlassplanung zu durchdenken und entsprechende Maßnahmen zu ergreifen, um Ihre Vermögenswerte zu schützen und einen reibungslosen Übergang zu gewährleisten.

Schlusswort

Als Buchautor von "Master Your Money: Die Kunst, Geld zu beherrschen" möchte ich Ihnen herzlich dafür danken, dass Sie dieses Buch gelesen haben. Es war mein Ziel, Ihnen ein Verständnis dafür zu vermitteln, wie Sie Ihre finanzielle Situation meistern und langfristigen Erfolg aufbauen können.

Finanzielle Meisterschaft ist keine einmalige Leistung, sondern ein fortlaufender Prozess. Es erfordert Engagement, Disziplin und die Bereitschaft, kontinuierlich zu lernen und zu wachsen. Ich hoffe, dass dieses Buch Ihnen dabei geholfen hat, Ihre finanziellen Ziele zu definieren und eine solide Grundlage für Ihren Erfolg zu schaffen.

Denken Sie daran, dass finanzielle Meisterschaft mehr ist als nur das Erreichen eines bestimmten Kontostands. Es geht darum, die Kontrolle über Ihr Geld zu haben, bewusste finanzielle Entscheidungen zu treffen und Ihre finanziellen Ressourcen strategisch einzusetzen, um ein erfülltes und finanziell stabiles Leben zu führen.

Neben den praktischen Ratschlägen und Strategien in diesem Buch möchte ich Sie ermutigen, Ihre eigene finanzielle Reise zu gestalten. Jeder hat eine einzigartige Situation und individuelle Ziele, daher ist es wichtig, dass Sie Ihre eigenen Entscheidungen treffen und Ihren eigenen Weg finden.

Denken Sie auch daran, dass finanzielle Meisterschaft nicht isoliert betrachtet werden sollte. Sie wirkt sich auf verschiedene Aspekte Ihres Lebens aus, einschließlich Ihrer Beziehungen, Ihrer Gesundheit und Ihrer Lebensfreude. Nutzen Sie Ihr finanzielles Wissen und Ihre Fähigkeiten, um nicht nur Ihr eigenes Leben zu verbessern, sondern auch einen positiven Einfluss auf andere Menschen und die Welt um Sie herum zu haben.

Ich wünsche Ihnen viel Erfolg auf Ihrer Reise zur finanziellen Meisterschaft. Mögen Sie die Fähigkeit finden, Geld zu beherrschen und gleichzeitig ein erfülltes, glückliches und sinnerfülltes Leben zu führen. Denken Sie daran, dass der Schlüssel zum Erfolg darin liegt, das Gelernte in die Tat umzusetzen und kontinuierlich an Ihrer finanziellen Bildung und Ihrem persönlichen Wachstum zu arbeiten.

Ein großer Dank geht an Anna Koszescha und Melanie Zitzler die mich schon mein Leben lang begleiten und ermutigt haben, dieses Buch zu veröffentlichen.

Ich wünsche Ihnen alles Gute für Ihre finanzielle Zukunft!

Thomas Stoll